시간의 농도

Copyright ⓒ 2024 published by Big Picture Company
All rights reserved. No part of this book may be reproduced, stored in a retrieval system, or transmitted in any form or by any means, electronic, mechanical, photocopying, recording, or otherwise, without prior permission in writing from the publisher.

저작권자 ⓒ 정경수
이 책의 저작권은 저자에게 있으며 출판권은 큰그림(빅픽처컴퍼니)에게 있습니다.
이 책은 저자와 큰그림(빅픽처컴퍼니) 사이의 저작권 계약에 의해 출판되었습니다.
서면에 의한 저자와 출판사의 허락 없이 내용의 일부를 인용하거나 발췌하는 것을 금합니다.
이 책에 사용된 사이트와 프로그램, 로고는 해당 회사가 상표나 저작권을 가지고 있습니다.

## 시간의 농도

| | |
|---|---|
| **초판 1쇄 인쇄** | 2024년 10월 28일 |
| **초판 1쇄 발행** | 2024년 10월 30일 |
| | |
| **지은이** | 정경수 |
| **펴낸곳** | 큰그림(빅픽처컴퍼니) |
| **펴낸이** | 박상화 |
| **책임편집** | 정도환 |
| **디자인** | 디자인화 |
| **그래픽** | 데코앤데코 |
| | |
| **등록번호** | 제2021-000018호 |
| **등록일자** | 2021년 1월 27일 |
| **ISBN** | 979-87201-56-4 |
| | |
| **주소** | 서울시 중구 퇴계로86길 29 |
| **전화** | 010-5229-5729 |
| **팩스** | 0503-8379-2187 |
| **이메일** | bpcpress@naver.com |

'큰그림'은 빅픽처컴퍼니 Big Picture Company의 출판 브랜드입니다.
잘못 만들어진 책은 구입하신 곳에서 바꾸어 드립니다.
값은 뒤표지에 있습니다.

작지만 도움이 되는 책

# 시간의 농도

질적으로
양적으로
가치 있는
시간
활용법

정경수 지음

LIGHT & SIMPLE

A SMALL GOOD BOOK

**머리말**

### 지금까지와 다르게 시간을 인식해야 한다

아무것도 하지 않으면, 왠지 뒤떨어질 것 같아서 불안하다. 내가 무엇을 하고 싶은지, 내가 무엇을 해야 하는지, 무엇에 집중해야 하고 무엇과 거리를 두어야 하는지 모른 채 하루하루를 열심히 사는 사람이 많다.

잘 살기 위해서 그저 열심히 무언가를 한다. 공부, 일, 인간관계, 가정생활, 모두 '열심히' 한다. '뭐라도 하면 도움이 되겠지' 하는 마음에서다.

어린 시절부터 늘 들어온 말이다. "열심히 해라", "게으르면 안 된다". "부지런해야 잘 산다", 이런 말을 안 듣고 자란 사람이 없을 것이다. 이런 가르침은 전 세계인이 모두 들으면서 자랐다. 여러 나라의 명언, 속담, 구전동화를 보면 알 수 있다.

그렇게 '열심히'만 살다가 20대 후반, 조금 늦는 사람은 30대가 넘어서 드디어 '하고 싶은 일'에 관해서 생각한다. 중장년 이후까지 그저 열심히만 사는 사람도 있다. 열심히 살아온 덕분에 지금 잘 살고 있다면, 지금 자기 모습에 만족한다면 괜찮을 수도 있다.

하지만 대부분 뒤늦게 깨닫는다. 나를 위해서 시간을 쓰지 못했다는 것을.

과거에는 시간에 관해서 이야기할 때 항상 나오는 말이 있었다. 부지런히, 열심히, 근면, 성실, 보람 있게, 낭비하지 말고. 이런 말들은 시간에 관한 의식, 신념을 만든다. 성장, 발전, 성공을 최우선으로 생각하는 시대에는 그랬다. 요즘도 이런 말이 틀린 것은 아니다.

이런 말들이 만들어낸 신념은 최근 10년 사이에 조금씩 흔들렸다. 시간을 대하는 사람들의 생각이 바뀌었다. 산업혁명 이후 200여 년 동안 만들어진 전통적인 시간 관리 이론과 효율을 높이는 도구는 이제 모든 상황에서, 모든 사람에게 일률적으로 통하지 않는다.

모든 것은 마음가짐에 달려있다.

내가 쓴 다수의 책에 반복해서 쓴 문장이 있다.

"시간 관리라는 말은 틀렸다. 시간은 관리할 수 없다. 시간 관리는 결국 자기 관리다."

　자기 관리를 하는 이유는 시간을 가치 있게 쓰기 위해서다. 시간을 가치 있게 쓰기 위해서 제일 먼저 할 일은 '가치 있는 시간'에 관한 이해다. 시간의 진정한 가치를 느끼려면 이전과는 다르게 시간을 인식해야 한다. '각성'이라는 표현이 어울리겠다.

　일본 경제학자 오마에 겐이치는 《난문쾌답》에 인간을 바꾸는 3가지 방법을 소개했다. 그 첫 번째가 '시간을 달리 쓰는 것'이다. 나는 오마에 겐이치가 책에 쓴 '시간을 달리 쓰는 것'과 영화 〈인 타임〉을 보면서 인생, 삶, 시간을 새롭게 인식하고 더 적절한 쓰임에 관해서 생각하게 되었다.

　영화 〈인 타임〉에는 모든 사람들 팔에 남은 수명을 표시하는 생체 시계가 있다. 빈민가 길거리에서 사람들은 바쁘게 걸어가며 팔에 표시되는 남은 시간을 확인한다. 부유한 동네에 사는 사람들은 느긋하다. 팔에 표시되는 시간은 개의치 않는다. 빈민가 사람들 팔에는 길어야 하루나 이틀 정도의 시간이 표시된다. 일당은 시간으로 지급된다. 식사를 하고 커피를 마시고 자동차를 구입할 때 팔에 있는 시간을 차감한다. 팔에 표시되는 시간은 남은 생$^\text{生}$이다. 일을 해서 수명을 연장하고 목숨과 같은 시간을 지불하고 식사를 하고 차를 마신다.

　영화 속에서 사람들은 팔에 표시된 시간이 몇 분 안 남아 있으면 절규한다. 팔에 표시된 시간이 '0'이 되면 바로 쓰러져 죽는다.

나에게 남아 있는 시간이, 수명이 매분, 매초 줄어드는 것을 인지하는 상황이라면 나는 과연 어떻게 할 것인가, 시간을 벌어서 수명을 연장하기 위해서 더 노력할 것인가 아니면 다른 선택을 할 것인가.

나에게 남은 삶이 분, 초 단위로 시시각각 줄어드는 게 눈에 보인다면 어떤 마음가짐, 어떤 행동을 해야 할까?

물론 영화처럼 생체 시계 같은 건 없다. 모든 사람에게 시간은 공평하게 주어진다. 돈을 주고 시간을 사는 일도 일어난다. 모든 사람은 태어나면서 죽음을 향해 달려간다. 《4000주》의 부제는 '당신에게 주어진 유한한 시간'이다. 수명을 약 77세라고 가정하면 4000주를 산다. 평생 동안 보내는 시간을 일주일 단위로 계산했다. 4000주를 산다고 하니까 굉장히 짧은 느낌으로 다가온다. 영화 〈인 타임〉에서 시간이 얼마 남지 않은 인물처럼 긴장하게 된다.

나는 가만히 있어도 사라지는 시간을 긴장하며 인식하라는 의미로 '시간의 농도'라는 제목으로 원고를 썼다. 매 순간을 노력으로 채울 수는 없다. 적절한 휴식이 필요하고 가족, 친구와 즐거운 시간도 가져야 한다. 종종 게으름도 피워봐야 한다. 단, 나에게 주어진 시간은 유한하며 나를 위한 시간으로 써야 한다. 시간을 쓰는 방식에 따라서 삶은 바뀐다. 매 순간을 노력으로 채워서 부자가 되어야 한다는 의미는 아니다.

과거에 내 모습에 만족하지 못한다면 '나'를 바꿔야 한다. 시간을 철저하게 관리한다고 삶이, 인생이, 인간이 바뀔 거라는 생각은 안일하다. 일본 경제학자 오마에 겐이치는 인간은 바꾸는 방법은 3가지뿐이라고 했다. 그가 말한 첫 번째는 시간을 달리 쓰는 것이다. 두 번째는 사는 곳을 바꾸는 것이고 마지막은 새로운 사람을 사귀는 것이다. 마지막이 가장 정곡을 찌른다. '새로운 결심을 하는 것'은 가장 무의미한 행위라고 했다.

삶을 바꾸려면, 지금까지와는 다르게 시간을 써야 한다. 《시간의 농도》가 지금까지와는 사간을 다르게 인식하게 해줄 것이다. 새로운 결심을 하는 것은 무의미하다.

결심하기보다는 시간의 쓰임을 바꿔야 한다. 계속 다른 방식으로 시간을 쓰면서 나에게 맞는 방법을 찾는다. 이것이 내 삶을 바꾸는 유일한 방법이다. 시간을 쓰는 방법을 나에게 맞게 바꾸면 내 안에 생체 시계는, 나에게 남아 있는 나날은 더 나은 삶으로 채워진다.

반드시 그렇게 된다.

정경수

# 목 차

머리말     6

## CHAPTER 01 시간은 모든 사람에게 공평하게 주어지는가?     11

하루는 길고 1년은 짧다     13
시간의 길이와 농도는 사람마다 다르다     19
시간은 관리할 수 없다     24
시간의 가치는 사람마다 다르다     31
계획이 시간의 농도를 짙게 만든다     39
할 일과 그 일을 하는 시간을 정리한다     45
최고의 능률을 발휘하는 최소한의 수면시간     53

## CHAPTER 02 시간의 농도를 짙게 만들기     61

혼자 있는 시간에 생각하기     63
내가 하고 싶은 일을 내가 결정한다     68
19호실로 가다     73
오롯이 나를 위해 시간을 쓴다     79
일의 의미를 생각한다     84
노력으로 시간을 채운다     89
동기를 부여하는 세 가지 방법     95
시간을 다르게 쓰는 것     100
현재를 의식해서 시간의 농도를 짙게 만든다     106

### CHAPTER 03 생산성을 높인다 — 111

우선순위는 계속 바뀐다 — 113
집중하고 몰입하고 집중하고 몰입하기 — 120
효율이 가장 높은 시간, 프라임타임 — 127
분명히 효과가 있는 전략 — 134
만반의 준비를 하는 시간 — 140
오래 일하는 것과 효과적으로 일하는 것 — 145
노력을 즐기기 — 150
시간 가계부 쓰기와 마감 시간 정하기 — 156

### CHAPTER 04 지친 몸과 마음을 회복하는 시간 — 161

시간의 농도를 높이는 휴식 — 163
명상의 시간 — 169
걸으며 생각하기 — 176
시간 흘려보내기 — 182
잠재의식에서 끌어당기게 만든다 — 188
완벽함의 역설 — 193
꾸준히 유지하기 — 200

### CHAPTER 05 시작하길 잘했어 — 205

뭐라도 시작하길 잘했어 — 207
작게 시작해서 계속하기 — 217
하루를 시작하는 나만의 시작 의식 — 222
시작하는 자세 — 229

**맺음말** — 234

**참고문헌** — 238

CHAPTER
01

# 시간은 모든 사람에게 공평하게 주어지는가?

## 하루는 길고 1년은 짧다

현재는 지루하다.

'지금 이 순간'의 시간은 느리게 가는 것처럼 느낀다. 반면, 며칠 전이나 지난주, 지난 1년, 지나간 몇 년, 모든 지나간 시간은 매우 빠르게 지나갔다고 느낀다.

시간에 관한 이런 느낌을 설명하기 위해서 아인슈타인의 상대성 원리, 메멘토 모리$^{memento\ mori}$를 예로 든다.

메멘토 모리는 "죽음을 기억하라"라는 의미다. 영화 〈메멘토〉에서 나와서 유명해졌고 시간이 지나서 드라마 〈더 글로리〉

에 나와서 다시 회자되었다. 메멘토 모리는 중세 시대 수도자들이 삶의 남은 날들이 얼마나 되는지 깨닫는 순간을 뜻하는 말이다.

"살아있는 나날이 지혜를 배울 수 있는 시간"이라는 찬송가 가사처럼 나에게 남은 인생을 시간으로 계산하면 시간에 관한 느낌이 달라진다.

기대수명을 시간으로 계산해서 몇 십만 시간이 남아있다고 말한다. 2020년 기준으로 기대수명은 82.7세다. 기대수명을 기준으로 계산하면 현재 30세는 약 460,000시간, 40세는 약 370,000시간이 남아있다.

확률과 통계에 따라 계산한 시간과 실제로 남은 시간은 차이가 있다.

하루에 1/3은 잠을 자고 1/3은 일상생활[좋아하는 일을 하는 시간 포함]을 하고 1/3은 일을 한다고 가정하면 지금 30세는 앞으로 약 150,000시간 동안 잠을 자고, 일상생활을 하고, 일할 것이다.

은퇴하는 시점을 고려하면 일상생활을 하는 시간은 늘어나고 일하는 시간은 줄어든다. 정확한 시간을 예상하기 위해서 작게 나누면 시간의 의미를 더 깊게, 더 진지하게, 더 새롭게 느낄 수 있다.

이것이 시간에 관한 느낌, 즉 시간 인식이다.

"하루는 길고 1년은 짧다."

많은 사람이 공감하는 이 말은 현재와 과거의 시간을 다르게 인식하는 것, 현재와 과거의 시간을 인식하는 데 차이가 있다는 의미를 전해준다. 시간을 인식하는 방법으로 시간 가계부를 쓴다. 시간 가계부는 일과 중에 어떤 일에 얼마나 시간을 썼는지 직관적으로 알려준다.

모든 상황은 그 상황을 적극적으로 인식하려고 노력해야 제대로 알 수 있다. 시간도 마찬가지다. 지나온 시간을 제대로 인식해야 앞으로 더 나은 삶을 살 수 있다.

시간은 휘발성이 강하다. 순식간에 사라진다. 하루는 길고 1년은 짧게 느끼는 것도 시간의 강력한 휘발성 때문이다.

시간이 어디론가 사라지고 자리에 남은 얼룩은 아주 오랜 뒤에도 지워지지 않는다. 지나간 시간은 빛바랜 사진처럼 잠재의식에 저장된 기억을 불러낸다. 빛바랜 사진을 보면서 대부분 기쁜 순간을 떠올린다. 사진은 대체로 기쁜 날, 즐거운 순간의 기록이다.

그 당시에는 초라하고 비참한 신세로 여러 날을 보냈어도 사진을 찍는 그 순간만큼은 기쁜 시간이었다. 사진 속에는 활짝

웃는 모습이 담겨있다.

시간이 한참 지나서 사진을 보면, 사진 속 그때를 좋은 시절, 추억으로 기억한다. '기록'이라는 의미에서 지나간 시간은 빛바랜 사진과 같다. 기록은 아름다운 기억으로 남는다.

시간에 관한 인식도 마찬가지다.

이성복 시인은 《네 고통은 나뭇잎 하나 푸르게 하지 못한다》에서 "이야기된 불행은 불행이 아니다. 그러므로 행복이 설자리가 생긴다."라고 했다.

나는 잘못된 일, 불행한 일, 우울한 일을 기록한다. 보통은 SNS에 '나만 보는' 설정으로 써놓는다. 지치고 힘들 때는 우울한 기록을 친한 친구까지 보는 설정으로 쓴다. 위로를 원해서이기도 하고 불쾌한 감정은 글로 쓰거나 누군가에게 말하면 한풀 꺾인다. 잘못한 일, 불행한 순간을 기록해서 제대로 인식하면 그것은 더는 불행이 아니다. 이성복 시인의 글처럼 그 자리에 행복이 들어서진 못해도 불편한 감정은 누그러든다.

시간 가계부를 써서 시간을 인식할 수 있는데, 시간 가계부를 규칙적으로 쓰는 건 매우 귀찮다. 지출 내역을 적는 가계부를 쓰는 습관을 들이는 것도 어렵다. 시간 가계부 쓰기는 익숙해지는 데 오랜 시간이 필요하다.

시간을 인식하기 위해서라면 아침 일기가 더 효과적이다. 잠자리에서 일어나서 또는 출근해서 오늘 할 일을 정리하면서 아침 일기를 쓰면 된다. 다짐이나 각오, 항상 기억해야 하는 궁극적인 목표, 자기 암시를 적는다. 나는 '행복하다', '돈이 많다', '가족을 사랑한다', '나에겐 든든한 가족이 있다', 이런 글을 적는다. 행복하지 않아도 행복하다고 쓰고, 돈이 없어도 돈이 많다고 쓴다. 지금보다 더 가족을 사랑하겠다는 다짐으로 이렇게 쓴다.

다이어리에 손으로 써도 좋고 스마트폰 일정 관리 앱, 컴퓨터에서 나에게 보내는 메일 등 편한 방법으로 쓴다. 아침 일기에는 어제 '어떤 일을 어떻게 처리했는지'보다 어제 그 일을 하면서 느낀 감정, 현재 기분, 문득 떠오른 생각 등을 적는다.

어떤 내용이든지 상관없다. 그 일을 한 시간과 생각이 떠올랐을 때 했던 일 등을 쓰고 오늘을 충실하게 살아가기 위한 단어, 문장, 한 마디를 쓴다. 명언도 좋고 책, 뉴스, 영상에서 봤던 글도 좋다. 기억에 남기고 싶다면 무엇이든 써놓는다. 이루고 싶은 목표와 목표에 다가가는 과정에 관해서 쓴다. 어제 쓴 내용과 똑같아도 상관없다. 반복해서 쓸수록 머릿속에 더 깊게 각인된다.

아침 일기는 시간을 인식하는 데 분명히 도움이 된다. 시간 가계부 쓰기 습관을 들여서 꼭 쓰기 바란다. 하루가 달라질 것이다.

할 일 목록이 시간을 효율적으로 쓸 수 있게 도와주는 도구라면 아침 일기는 하루를 질적으로 풍성하게 만들어준다. 일기를 쓰다가 자기가 한 일이 앞뒤가 맞지 않았다는 것도 알게 된다. 아침 일기는 잘못한 일, 단점을 고치도록 해준다. 일주일만 써보면 아침 일기를 쓴 날과 쓰지 않은 날, 그날의 느낌이 확연히 다르다.

무슨 일을 했고 누구와 만났고 어떤 생각을 했는지 생각하는 시간을 갖게 한다. 그러면 내가 보내는 시간을 더 깊이 이해하게 되어 어제와 다를 게 없는 오늘이 가치 있는 하루로 기록된다.

내가 보낸 시간을 되돌아보면 나에 관해서 많은 것들을 이해하게 된다. 나의 행동과 생각을 기록하고 시간이 지나서 그 기록을 살펴본다. 그러면 앞으로 내 삶에 다가올 변화가 어느 정도는 눈에 들어온다. 지나온 시간을 보면 내가 앞으로 나아갈 방향을 어느 정도는 예상할 수 있다. 이것이 시간을 인식해서 얻는 효과다.

## 시간의 길이와 농도는 사람마다 다르다

시간을 흐르는 강물에 비유한다.

고대 그리스 철학자 헤라클레이토스는 "같은 강물에 두 번 발을 담글 수 없다"라고 했다. 한 번 흘러간 강물이 다시 돌아오지 않는 것처럼 지나간 시간은 돌아오지 않는다. 1분, 1초, 이 글을 읽는 지금 이 순간도 과거가 됐다.

한 번 지나가면 돌아오지 않는 시간은 두 가지 속성이 있다. 절대적인 시간과 상대적인 시간이다. 시간의 두 가지 속성을 설명하면서 예로 드는 것은 크로노스$^{Chronos}$와 카이로스$^{Kairos}$다.

흐르는 강물처럼 가만히 있어도 흘러가는 시간이 크로노스다. 크로노스는 우리가 상식적으로 생각하는 시간으로 '똑딱'하면 지나가는 물리적인 1초, 절대적인 시간이다. 시간을 정밀하게 측정하는 기구인 크로노미터와 연대기를 의미하는 크로놀로지는 크로노스에서 나왔다. 크로노스는 시계에 적힌 숫자로 인식되며 모든 사람에게 공평하게 주어지는 객관적이고 정량적인 시간이다.

카이로스는 사람마다 다르게 느끼는 상대적인 시간이다. 주관적이고 정성적인 시간이고 동시에 질적이고 내적인 시간이다. "그때는 맞고 지금은 틀리다"라는 말도 카이로스의 시간에서 나왔다. 특정 시점의 옳고 그름이 보는 사람의 관점에 따라서 바뀌는 것이다. 그 일을 해야 할 때, 기회가 왔을 때처럼 내면의 목소리로 판단하는 시간이다. "시간 가는 줄 몰랐네", "공부에는 다 때가 있다"라는 말과 시간이 멈춘 것 같은 순간이 상대적인 시간이다.

크로노스와 카이로스는 그리스 신화에서 시간을 관장하는 신이다. 크로노스 신화는 매우 흥미롭다. 크로노스는 절대적인 시간을 관장하는 최고의 신으로 세상을 지배한다. 자식 중 한 명이 자신의 지배권을 빼앗는다는 신탁 때문에 다섯 명의 자식을 태어나자마자 입에 넣어서 삼킨다. 여섯째, 막내로 태어난 자식이 제우스다. 크로노스의 부인 레아가 제우스를 크레타섬에 숨기고 크로노스에게 돌덩이를 강보에 싸서 준다. 크로노스는 돌덩이를 아기라고 생각하고 삼킨다. 제우스는 살아남아서 아버지 크로노스가 삼켜서 배 속에 갇힌 형제자매를 구한다. 그리고 세상을 지배하는 신이 된다.

크로노스는 시간의 신이고 카이로스는 기회의 신이다. 크로노스의 아들이 제우스이고, 제우스의 아들이 카이로스다. 절대적인 시간을 관장하는 크로노스가 상대적인 시간을 상징하는 카이로스의 할아버지다.

세대를 거듭하면서 시간의 의미가 바뀌었다. 물리적인 시간은 모든 사람에게 똑같이 주어진다. 그 시간을 어떻게 사용하느냐에 따라 특별한 시간이 되고 하는 일 없이 보낸 시간이 된다.

모든 사람에게 똑같이 주어지는 물리적인 시간이 사람마다 다른 의미를 부여하는 시간으로 속성이 바뀌었다. 물론 크로노스와 카이로스를 구분할 필요는 없다. 시간을 사용하는 사람이 어떻게 인식하고 활용하는가에 따라 시간은 다른 개념이 된다.

아인슈타인의 상대성 원리를 적용하면 절대적인 시간과 상대적인 시간의 개념을 이해하기 쉽다. 상대성 이론은 시간이 절대적인 것이 아니라 상황과 주관에 따라 다르게 느낀다는 것이다. 아인슈타인은 이런 비유를 들어서 시간의 상대성을 설명했다. 뜨거운 냄비에 손을 얹었다고 해보자. 단 몇 초, 아주 잠깐만 뜨거운 냄비에 손을 얹어도 그 시간은 너무나도 길게 느껴진다. 사랑하는 연인과 함께 있다고 해보자. 몇 시간을 함께 있어도 너무나 짧게 느껴진다. 이것이 상대성 이론의 전부는 아니다. 농담 같은 비유지만 시간은 상황에 따라 전혀 다른 길이로 느낀다는 사실을 설명하기에는 충분하다.

뜨거운 냄비 위에 손을 얹고 있는 시간과 사랑하는 사람과 함께 있는 시간의 길이는 모든 사람에게 똑같이 주어진 절대적인 시간이 아니다. 냄비 위에 손을 얹은 사람은 고통의 순간이 빨리 끝나기를 기다린다. 사랑하는 사람과 함께 있는 사람은 그 시간이 계속되기를 바란다. 목표를 이루기 위해 끊임없이 노력하는 사람의 시간과 아무 일도 하지 않고 시간을 보내는 사람이 느끼는 시간의 길이는 다르다.

드라마 〈이태원 클라쓰〉에서 주인공 박새로이는 교도소에서 최승권을 만났다. 출소 후에 박새로이는 막노동과 뱃일 등을 전전하며 사업 자금을 모았다. 최승권은 전과자를 써주는 곳은 없다며 교도소를 나온 후에도 싸움과 도박을 하며 살았다. 수년이 지나서 최승권은 박새로이를 만났다. 그리고 최승권이 그동안 지내온 '시간의 농도'가 박새로이와 달랐다는 사실을 깨달았다.

교도소에서는 같은 입장이었지만 시간이 한참 지난 후에 두 사람은 전혀 다른 입장이 되었다. 드라마의 등장인물이어서 이런 설정이 가능하다고 치부해서는 안 된다. 우리 주변에서도 이런 일을 겪는다. 어린 시절 같은 동네에 살았고 같은 학교에 다니며 함께 놀았던 친구를 몇 년 후에 만났더니 전혀 다른 사람이 되어 있어서 놀라는 경우가 있다. 좋은 모습으로 바뀌었을 수도 있고 그렇지 않을 수도 있다. 오랜만에 만난 친구를 보고 놀라는 이유는 그의 현재 모습을 통해서 그가 지내온 시간의 농도를 느끼기 때문이다.

## 시간은 관리할 수 없다

많은 사람이 시간의 농도를 짙게 만들기 위해서 노력한다.

그 노력은 가만히 있어도 흘러가는 시간을 더 알차게 쓰기 위한 행동으로 나타난다. 아침에 일찍 일어나기, 구체적인 목표와 계획을 세우고 할 일 목록을 만드는 것 등이 시간의 농도를 짙게 만드는 행동이다.

출근길에 스마트폰으로 효율적인 일 방식을 설명한 콘텐츠를 본다. 아침형 인간이 되자고 마음먹고 기상 시간을 한두 시간 앞당겨서 알람을 맞춘다. 이런 행동은 시간의 농도를 짙게 만드는 노력이다.

효과가 있든 없든 모든 노력은 시간 효율을 높이는 데 도움이 된다. 목표, 계획, 할 일 목록 등은 시간을 효율적으로 쓸 수 있게 도와준다.

사람들에게 시간 효율을 높이는 도구와 방법론을 사용하는 이유를 물어보면 일을 하는 데 '시간이 부족해서'라고 대답한다. 특히 아침형 인간 열풍이 주기적으로 부는 것도 부족한 시간을 늘리기 위해서다. 사람마다 하는 일은 달라도 대답은 비슷하다. 아침형 인간이 되면 사용할 수 있는 시간이 늘어날 거라고 믿는다. 늘어난 시간을 잘 활용해서 보다 많은 일을 하려고 마음먹는다.

아침형 인간, 스마트한 목표, 현실적인 계획, 구체적인 할 일 목록, 모든 수단을 동원하면 시간을 효율적으로 쓸 수 있을까? 시간을 아무리 효율적으로 써도 할 일은 끝나지 않는다. 할 일은 계속해서 생겨난다.

구체적으로 일정을 만들고 할 일 목록에 적은 일을 모두 완벽하게 처리하기 위해 1분 1초를 허투루 쓰지 않는 사람이 있다. 15분 단위로 계획을 세우고 철저하게 지킨다. 이렇게 쉴 새 없이 하루를 보내도 중요한 일을 제때 끝내지 못하는 날이 많다.

내가 그렇게 해봐서 자신 있게 말할 수 있다. 계획을 열심히 세워도 시간을 효율적으로 쓰기란 어렵다. 누가 보더라도 '시간 관리'를 잘하고 있는데도 중요한 일을 계획한 대로 끝마치지 못하는 이유는 급한 일과 중요한 일을 동격으로 인식하기 때문이다. 급한 일과 중요한 일을 명확하게 구분하지 못하는 것은 실수다.

이런 실수가 우리 생활에서 자주 일어난다. 때로는 급하고 중요한 일이 마감 시간에 임박해서 걸려온 전화 한 통으로 하지 않아도 되는 일로 바뀌기도 한다. 전화를 받기 전까지 분명히 중요하고 급한 일이었는데, 몇 주, 여러 날을 넘게 그 일을 끝내기 위해서 모든 일정을 맞추고 다른 일은 전부 제쳐두었는데 전화를 받자마자 안 해도 되는 일이 되었다. 그동안 들인 노력은 물거품이 된다.

효율을 추구하는 사람은 중요한 일과 덜 중요하지만 마감 시간 안에 반드시 끝내야 하는 일을 구분한다. 사업을 함께 하는 사람들<sup>직원, 거래처 등 파트너</sup>과 신뢰 관계를 만드는 일, 목표를 수립하는 일, 계획을 수립하는 일, 신제품을 기획하는 일, 다음 주에 진행할 프레젠테이션 준비 등은 분명히 중요한 일이다.

여러 가지 일이 눈앞에 있을 때 정말 중요한 일과 덜 중요하고 마감 시간이 임박한 일을 가려내기란 쉽지 않다. 지금 내 눈앞에 있는 일이 모두 중요해 보인다.

어떤 일에 높은 우선순위를 두느냐에 따라서 시간 관리의 성공 여부가 결정된다. 스티븐 코비의 조언대로 시간을 효율적으로 활용하는 사람은 중요한 일을 먼저 한다.

중요한 일을 하든, 덜 중요한 일을 하든, 아무 일도 안 하든 시간은 흘러간다.

이 일과 저 일 사이를 왔다 갔다 하는 동안에도 시간은 흘러간다. 시간을 늘릴 수는 없다. 아무것도 안 하는 시간을 보관하는 것은 불가능하다. 시간을 돈이라고 생각하고 가치 있는 일에 써야 시간의 농도가 짙어진다. 가치 있는 일은 좋은 결과를 얻어야 하는 일이다.

《당신도 운을 벌 수 있습니다》에 다음 이야기가 나온다.

아픈 아이를 키우는 엄마의 일상은 아이의 재활 치료가 생활의 중심이다. 자기 생활도 없이 아이의 재활 치료에 모든 시간을 투자한다. 다행히도 남편이 가정적이고 성실한 데다 경제적으로도 안정적이다. 덕분에 아이의 재활 치료에 일과의 대부분을 할애하는 여성은 시간이 나는 대로 봉사도 한다. 이 여성은 아픈 아이 재활 치료 때문에 시간이 없다, 시간을 낼 수 없다, 이런 생활이 불편하다는 말을 해 본 적이 없다. 아이가 아파서 마음이 힘들지만 경제적으로 여유가 있고 아이에게 필요한 모든 치료를 해 줄 수 있어서 천만다행이라고 이야기한다.

만약, 똑같은 환경에 처해 있어도 왜 자신에게만 이런 일이 일어났는지 모르겠다면서 시간 여유가 없고, 아이에게 매달려야 하는 삶이 불행하다고 말하는 사람도 있을 것이다.

물론 극단적인 예다. 하지만 두 사람은 시간을 사용하고 시간을 인식하는 방식에 차이가 있다.

시간을 가치 있게 쓰고 있는지 알아보려면, 우선 시간을 올바르게 인식해야 한다. 계획한 일을 계획한 시간에 실제로 하면 된다. 실제로 그 일을 하지 않으면 시간을 제대로 쓰는 게 아니다. 내가 시간을 가치 있게 쓰는지 확인하려면, 계획한 일을 시작해서 어느 정도는 그 일들을 해야 한다. 가치가 없는 일이라면 당장 멈춘다. 불필요한 시간을 더 이상 쓰지 않도록 한다.

시간이 돈과 다른 점은 돈은 쓰지 않으면 주머니에 남아있지만, 시간은 쓰든, 쓰지 않든 사라진다.

계획대로, 할 일 목록에 적은 순서대로 일했는데 일과를 마치고 한 일을 점검하면 중요한 일을 마무리하지 못하는 경우가 종종 있다.

나는 오늘 할 일 목록에 다섯 개를 적는다. 한두 개는 급한 일이다. 당장 끝내야 하는 일 한두 개를 제외하고 나머지는 다음날로 넘어간다. 대부분 그렇다.

나는 목표, 계획, 시간 관리에 증명된 법칙을 철저하게 따른다. 나의 하루는 그 시간의 농도가 짙다고 생각했는데 계획한 일을 절반도 끝내지 못했다.

바쁘게 일하지만 중요한 일을 끝내지 못하는 날이 많다면, 한 일을 점검하기보다 열심히 일한다고 느끼는 자신을 점검해야 한다.

가치 있는 일에 시간을 써서 낭비하는 시간을 줄이려면, 시간을 관리할 게 아니라 행동을 관리해야 한다.

시간은 본래부터 관리할 수 없었다. 관리$^{management}$는 필요에 따라 늘리거나 줄이고 저장했다가 필요할 때 모두 쏟아붓는 것이다. 시간은 늘릴 수도 없고 줄일 수도 없고 저장할 수도 없다. 가만히 있어도 사라진다.

경영학에서 시간 효율을 높이기 위해서 다양한 연구를 오랫동안 하고 있지만, 시간은 관리할 수 없는 자원이다. 시간은 계속 흘러가서 최대한 효과적으로 사용할 수밖에 없다. 관리할 수 없는 시간, 그 시간의 농도를 짙게 만들기 위해서 우리는 시간을 더 잘 활용하는 방법을 고민해야 한다.

시간은 아끼는 게 아니라 아낌없이 써야 한다.

## 시간의 가치는 사람마다 다르다

시간을 소재로 한 소설과 영화가 여럿 있다. 시간을 여행하는 영화는 모두가 여러 편 보았을 것이다.

시간을 여행하는 소설과 영화는 대부분 타임 슬립을 주제로 한다.

개봉한 지 30여 년이 지난 〈백 투 더 퓨처〉는 주인공의 부모님이 연애하던 과거로 가고 후속편에서는 미래로 간다. 과거로 돌아가서 현재 주인공의 삶을 바꾸거나 역사를 바꾸는 전개는 황당하지만 흥미롭다. 흥미로운 이유는 영화를 보고 있으면 그럴 수도 있겠다,라는 생각이 들어서 그렇다.

과학적으로 의견이 분분해도 시간을 소재로 한 영화와 소설은 계속 나온다.

시간을 상품처럼 사고 판다는 가정에 기초한 작품도 있다.

영화 〈인 타임〉은 모든 사람 팔뚝에 '카운트 보디 시계'가 있다. 팔뚝에 표시되는 시간이 자기에게 남은 수명이다. 그 시간을 사고판다. 자기의 남은 수명, 즉 목숨을 사고파는 것이다.

카운트 보디 시계는 카운트다운 된다. 〈인 타임〉에서 모든 상품은 카운트 보디 시계로 거래한다. 커피 1잔을 사면 4분이 차감된다. 스포츠카를 구입하면 59년이 차감된다.

영화에서 사람들은 자신의 수명을 지불하고 커피를 마시고 스포츠카를 산다. 사람에게 필요한 모든 재화를 시간을 화폐로 사용해서 사고파는 세상, 영화에서는 말 그대로 시간이 돈이다.

현실 세계에서는 부자가 많은 돈을 갖는다. 영화 〈인 타임〉에서 부자는 엄청나게 많은 시간을 갖고 있다. 부자는 아주 오래 살고 가난한 사람은 팔에 표시되는 시간만큼 수명이 남아 있다.

이 영화는 모든 사람에게 시간이 공평하게 주어진다는 상식을 의심하게 만든다.

생각할수록 끔찍한 설정이다.

그런데 조금 달리 생각하면, 이런 영화적 상상력은 현실 속에 그대로 나타난다.

부자는 고른 영양을 섭취하고 최신의 의료 서비스와 건강을 유지하기 위한 활동으로 수명을 연장한다.

가난해서 제대로 치료를 받지 못하는 사람은 비교적 젊은 나이에 목숨을 잃기도 한다.

〈인 타임〉처럼 시간을 사고 판다는 전제로 줄거리를 이끌어 가는 소설이 있다.

〈생존 시간 카드〉는 프랑스 작가 마르셀 에메가 쓴 단편소설이다. 우리나라에는 《벽으로 드나드는 남자》로 출간한 단편집에 두 번째로 나온다.

나는 이 단편소설을 김영하 산문집 《보다》를 읽으면서 알게 되었다. 소설에서 시간을 거래하는 내용이 매우 흥미롭다. 〈생존 시간 카드〉는 시간을 거래하는 가상 세계를 배경으로 한다. 이 세계에서 사람들은 시간을 배급받는다. 모든 사람이 똑같이 시간을 배급받는다.

그런데 시간이 필요 없는 사람은 시간이 필요한 사람에게 돈을 받고 시간을 판다. 영화 〈인 타임〉은 물건을 사고팔 때 시간, 즉 자기 수명으로 거래했는데 〈생존 시간 카드〉는 배급받은 시간을 판다. 시간이 필요한 사람은 돈을 주고 다른 사람이 배급받은 시간을 산다. 시간이 필요 없는 사람은 돈을 받고 자기가 배급받은 시간을 판다.

배급받은 시간을 돈을 받고 파는 사람은 시간보다 돈이 더 필요하다. 돈이 많고 시간은 부족한 부자, 행복한 시간을 더 오래 보내려는 사람은 돈을 주고 시간을 산다. 가난한 사람은 배급받은 시간을 부자에게 팔아서 생활비로 쓴다.

시간을 판 사람은 시간이 줄어든다. 줄어든 시간은 달력에 나타난다. 〈생존 시간 카드〉에서 부자의 달력과 가난한 사람의 달력은 다르다. 부자의 달력에서 4월은 40일, 9월은 35일처럼 일반적인 달력보다 날짜가 더 있다.

부자에게 시간을 판 가난한 사람의 달력은 4월은 20일, 5월은 27일에서 끝난다. 부자는 돈을 주고 시간을 사서 그만큼 달력의 날짜가 늘어난다.

가난한 사람은 30일, 31일에 끝나는 달력보다 날짜가 적다. 4월이 20일에 달력의 날짜가 끝나는 사람에게 4월 21일부터 30일까지 시간은 존재하지 않는다.

시간을 팔아서 4월 달력이 20일까지인 가난한 사람은 4월 20일에 잠들면 5월 1일에 깨어난다.

부자는 가난한 사람에게 시간을 산다. 늘어난 시간에는 여행을 가고 취미 생활을 하면서 인생을 즐긴다.

영화 〈인 타임〉과 단편소설 〈생존 시간 카드〉처럼 시간을 사고파는 일은 실제로 현실에서 일어나지 않는다. 하지만 시간을 사고파는 일은 현실에서 다른 모습으로 나타난다.

모든 사람에게 시간은 공평하게 주어진다. 공평하게 주어지는 시간은 '양'이다. 시간의 가치는 사람마다 다르다. 시간은 사용하는 사람에 따라 가치가 달라진다. 이것이 시간의 '질'이다.

이런 이야기가 있다.

빌 게이츠가 길을 가다가 건너편에 100달러 지폐가 떨어진 것을 봤다. 빌 게이츠는 길에 떨어진 100달러를 주워야 할까? (법적으로는 길에 떨어진 돈이라도 함부로 주우면 안 된다.) 시간의 가치로 보면, 빌 게이츠는 100달러 지폐를 줍지 않는 편이 낫다. 그 이유는 100달러가 떨어진 곳에 가서 줍는 데 5초 정도 시간이 걸린다고 했을 때 빌 게이츠는 원래 하려고 했던 자기 업무를 보러 가는 게 이득이라는 계산이 나오기 때문이다.

다른 의견도 있다. 5초를 투자해서 100달러를 줍는다. 길에서 주운 100달러로 또 다른 수익을 내는 데 투자하면 더 많은 이익이 생긴다. 합리적인 의견일 수도 있다.

세계에서 돈이 많은 사람 가운데 한 명인 빌 게이츠의 시간은 평범한 직장인의 시간과 그 가치가 다르다.

연봉을 시간으로 나눠서 시급을 계산하면, 대기업 CEO가 한 시간에 버는 돈[시급]이 직장인의 연봉보다 많을 수도 있다.

시급으로 환산해서 비교하면 사람마다 시간의 가치가 다르다는 것을 실감할 수 있다.

시간은 모든 사람에게 공평하게 주어진다. 하지만 돈으로 환산한 시간의 가치는 사람마다 다르다.

고액 연봉자의 하루와 최저 시급을 받으며 일하는 사람의 하루는 실제로 다르다. 두 사람의 시간의 가치는 하루를 쉴 때도 다른 모습으로 나타난다. 고액 연봉자는 휴식의 가치가 더 높다. 고액 상담료를 받는 의사, 변호사, 컨설턴트는 하루에 수백, 수천만 원을 번다. 이들이 하루를 쉬면, 수백, 수천만 원을 휴식과 맞바꾼 셈이다.

최저 시급을 받으며 8시간을 근무하는 사람이 하루를 쉬면,

하루의 가치는 돈으로 환산하면 10만 원 정도다.

굳이 이렇게 시간의 가치를 따지지 않아도 고액 연봉자는 늘 바쁘다. 그들은 쉴 새 없이 일한다. 수행 기사가 운전하는 차를 타고 가면서 머릿속으로 중요한 의사 결정을 한다. 운동하면서도 새로운 수익을 만드는 사업에 관해서 생각한다.

하루를 쉬면 그만큼 이익이 사라진다. 사라지는 이익의 크기는 사람마다 다르다.

최저 시급을 받으며 일하는 사람도 이익이 사라진다. 하지만 이들은 휴식과 맞바꾼 이익을 크게 느끼지 않는다.

일 중독에 걸리거나 번아웃으로 고생하는 사람은 대부분 고액 연봉자다.

번아웃 현상이 나타나는 이유는 잠을 줄여가며 고된 일을 계속하기 때문이다. 잠을 줄이는 이유는 휴식보다 일의 가치가 더 높기 때문이다. 물론 쉬는 동안 그만큼의 이익이 사라져서 그럴 수도 있다.

어쩌면, 영화와 소설처럼 시간을 사고판다면 그게 오히려 다행일 수도 있다.

고액 연봉자 중에는 더 많은 돈을 내고 시간을 사는 사람도 있을 것이다.

시간보다 돈이 더 필요한 사람은 더 비싸게 자기 시간을 팔 수 있으니 말이다.

## 계획이 시간의 농도를 짙게 만든다

모든 사람에게 공평하게 주어진 시간, 그 시간을 쓰는 사람과 시간의 쓰임에 따라서 시간의 가치는 달라진다.

여기서 말하는 시간의 가치는 대기업 CEO의 시급이 대기업 사원 연봉과 같다는 의미가 아니다. 자기에게 주어진 시간을 각자 상황에 따라 가치 있게 활용하는 방법을 고민하라는 의미다.

나는 시간을 더 가치 있게 사용하기 위해서 계획을 세운다. 일을 더 많이 하기 위해서 계획을 세우지 않는다. 책과 교육,

콘텐츠를 통해서 계획 세우기를 많은 사람에게 권한다.

몇 년 전에 《계획 세우기 최소원칙》에서 구체적이고 꼼꼼한 계획을 세우는 방법을 정리했다. 이 책의 부제목처럼 가장 중요한 것은 '현실적인' 계획이다.

'구체적이고 꼼꼼하고 빈틈없는' 계획이 아니라 현실적인 계획이 필요하다.

모든 계획에는 오류가 있다. 오류가 없는 계획은 없다.

모든 계획에는 오류가 생긴다. 처음에는 계획한 대로 진행되더라도 크고 작은 오류가 생긴다.

지난달에 했던 일을 이번 달에 다시 하더라도 계획에는 크고 작은 차질이 생긴다.

시작하자마자 오류가 생기더라도 계획이 있는 편이 낫다.

계획이 있는 게 월등히 낫다.

계획은 앞으로 무엇을 할지 명확하게 알려준다.

중간에 차질이 생겨도 계획을 세우는 동안 무슨 일을 어떻게 해야 하는지, 일하는 순서를 생각해두었기 때문에 신속하게 바로잡을 수 있다.

조직 관리 전문가 제임스 맥케이는 《시간 관리》에서 구체적인 계획의 중요성을 다음과 같이 설명했다.

"앞으로 무엇을 할지 마음속으로 그림을 그리면 그 그림대로 행동한다. 만약 어떤 그림도 없다면, 즉 무엇을 할지 아무 생각이 없다면 아무것도 안 하게 된다. 한편 그림이 흐리거나 불분명하면 주저할 테지만, 분명한 그림이 있다면 단호하면서도 효과적으로 행동한다."

단호하면서 효과적으로 행동하게 만드는 분명한 그림은 현실적으로 실천 가능한 계획이다. 실천하지 못하면 실패한 계획이다. 오류가 생겨서 계획이 실패하는 게 아니다.

계획이 없거나 실천하기 어려운 계획은 시간의 가치를 떨어트린다. 이미 검증된 방법론에 따라 구체적이고 치밀하게 세운 계획이 실패하는 이유는 아주 먼 미래를 내다봤거나 너무 근시안적이어서 그렇다.

퀸튼 신들러는 《시간관리, 성공하는 사람들은 어떻게 하는가》에서 계획을 세우는 과정을 장기 계획과 단기 계획으로 나눠서 카메라의 광각렌즈와 망원렌즈에 비유했다.

많은 사람이 계획을 세울 때 범하는 오류는 당장 실행할 일, 단기 계획과 시간을 두고 천천히, 꾸준히 실행할 일, 장기 계획을 따로 생각하는 것이다.

단기 계획과 장기 계획은 하나의 선으로 연결되어야 한다.

장기 계획을 세울 때는 광각렌즈의 시점으로 오랫동안 꾸준히 할 일<sup>궁극의 목표</sup>을 중심에 두고 넓은 범위를 바라본다.

목표를 향해서 곧바로 직진할 수는 없어서 넓은 시야로 바라봐야 한다. 넓은 시야로 보면, 주변에 장애 요소와 문제가 될 만한 것들을 미리 파악할 수 있다.

이번 주, 이번 달까지 해야 하는 일, 단기 계획도 중요하다.

멀리, 넓게 바라보다가 당장 실천해야 하는 단기 계획을 무시해서는 안 된다.

장기 계획은 단기 계획을 꾸준히 실천해야 비로소 이루어진다. 이번에는 멀리 있는 것을 눈앞에 있는 것처럼 보여주는 망원렌즈로 계획을 살펴본다.

가장 먼저 실천할 단기 계획, 그다음에 실천할 단기 계획, 이후에 단기 계획을 차례로 살펴보면서 장기 계획을 제대로 세웠는지 살펴본다.

광각렌즈로 넓게 살펴보면서 장애가 될 만한 요소들을 미리 찾아둔다. 당장 실천할 단기 계획과 다음에 실천할 단기 계획을 방해물들을 피해서 하나의 선으로 잇는다.

망원렌즈의 시점으로 계획을 보면 할 일과 일하는 과정에서 생기는 문제에 초점을 맞출 수 있다.

당장 실천해야 하는 주간 계획, 월간 계획은 망원렌즈로 속속들이 자세히 살핀다.

장기 계획은 광각렌즈를 이용해서 넓은 시야로 바라본다.

대체로 이렇게 살펴보는데, 때로는 이것과 반대로 바라볼 필요가 있다. 주간 계획, 월간 계획은 광각렌즈의 넓은 시야로 보고 장기 계획은 망원렌즈로 보는 것이다.

단기 계획과 장기 계획을 다양한 시야로 넓게 그리고 자세히 보면 보완할 부분과 문제의 소지가 보인다. 장기 계획을 이루는 과정에서 수많은 단기 계획이 단계적으로 긴밀하게 연결되어야 궁극의 목표를 이룬다.

많은 사람이 할 일 목록에서 우선순위를 정하고 계획을 세우면 시간을 관리하고 통제할 수 있다고 믿는다. 그러나 할 일 목록과 우선순위, 단기 계획, 장기 계획을 세워도 시간은 관리할 수 없다.

시간 관리 원칙 몇 가지를 철저하게 지켜도 시간을 가치 있게 쓸 수 있는 건 아니다. 시간은 그저 흘러간다. 흘러가는 시간은 써야 한다. 시간을 쓸 수는 있어도 관리할 수는 없다.

시간을 통제하는 강력한 방법은 있다. 집중력을 키우는 것이다. 시간을 관리할 수는 없어도 집중력을 발휘해서 방해 요인을 통제할 수는 있다. 촘촘한 계획으로 시간을 통제하기보다 행동을 통제해야 시간의 가치가 높아진다.

시간은 관리할 수 없으므로 행동을 관리하는 게 맞다.

따라서 시간 관리가 아니라 자기 관리다.

시간 관리에서 빠지지 않고 나오는 말이 '시간 도둑'이다. 수시로 울리는 스마트폰 SNS 알람과 메시지, 걸려오는 전화 등은 계획대로 하는 일과 관련이 있어도 시간을 빼앗아가는 요인이다.

시간 도둑에게 시간과 집중력을 빼앗기지 않기 위해 주의를 끄는 일을 정리한다. 당장 끝내야 하는 일<sup>단기 계획</sup>과 관련이 없다면, 그 일은 집중을 방해하는 일로 분류한다. 집중을 방해하는 일을 정리하면 시간의 가치는 높아진다.

# 할 일과 그 일을 하는 시간을 정리한다

하루를 충실하게 살기 위해 일과를 계획한다.

초등학교 시절, 방학하기 며칠 전에 학교에서 생활계획표를 만들었다. 요즘은 초등학생의 생활계획표도 일정이 촘촘하다. 숨 돌릴 틈이 없을 정도다. 요즘 초등학생은 학원과 공부, 다양한 활동으로 24시간이 모자랄 정도다.

계획표와 할 일 목록을 쓰는 이유는 허투루 쓰는 시간을 줄이고, 더 짜임새 있게 시간을 쓰기 위해서다.

그런데 이상하게도 계획표, 할 일 목록을 매일 쓰고 그 많은 일을 끝내도 다음날 할 일은 줄어들지 않는다.

계획을 세우고 할 일 목록을 정리하고 아침형 인간이 되어도 시간에 쫓기는 건 마찬가지다. 쉴 틈 없이 바쁜 하루를 보내도 정작 중요한 일을 끝내지 못한다면, 계획표를 더 촘촘히 쓰기보다 일을 정리해야 한다. 꼭 해야 하는 일만 하기로 마음먹어야 한다.

우선 일하는 시간과 휴식 시간, 잠자는 시간을 구분한다.

이렇게 시간을 구분하는 이유는 행동을 관리하기 위해서다. 시간을 관리하는 게 아니다. 모든 수단을 동원해도 시간은 절대로 관리할 수 없다.

시간의 농도를 짙게 하려면 시간의 속성을 이해해야 한다.

행동을 관리하는 건 간단하다.

우선 휴식 시간과 잠자는 시간은 꼭 필요하다. 일하는 시간보다 더 중요하다.

휴식 시간과 잠자는 시간을 줄이고 일하는 시간을 늘려서는 안 된다. 융통성을 발휘해서 하루나 이틀 정도 잠자는 시간을 줄일 수는 있다. 하지만 잠자는 시간을 줄이면서 일과 공부를 더 하는 건 좋은 방법이 아니다.

가장 좋은 방법은 할 일과 그 일을 하는 시간을 정리하는 것이다. 일을 하는 시간에 집중해야 하는 이유가 여기에 있다.

할 일 목록을 쓰고 일과를 계획하면서 할 일을 정리한다.

오늘 다섯 개의 일을 해야 할 때, 다섯 개의 일을 하는 데 필요한 시간을 각각 예상한다.

그런 다음 각각의 일을 하는 데 필요한 시간을 모두 더한다.

그 시간이 24시간 중에 잠자는 시간과 휴식 시간을 제외한 '일과 시간'보다 많으면 계획한 일을 절대로 끝낼 수 없다.

할 일 목록, 계획표 등 시간을 관리하도록 도와주는 도구는 모두 효과가 있다. 하지만 계획한 일을 하는데 필요한 시간이 절대적으로 부족하다면 그 계획은 틀림없이 실패한다.

많은 사람이 정해진 시간에 할 일을 끝내지 못하는 이유는 주어진 시간에 도저히 다 끝내지 못하는 일의 양을 계획표에 몰아넣기 때문이다.

이것은 시간 관리가 실패하는 이유다.

시간을 관리할 게 아니라 할 일을 정리해야 한다.

우선순위가 낮은 일을 제외하는 것이 정리다. 최종 결과에 영향을 미치지 않는 일, 효율이 떨어지는 일은 할 일 목록에서 뺀다.

꼭 해야 하는 일 가운데 시간이 오래 걸리는 일은 작게 나눈다.

이런 방식으로 최상의 결과를 내야 하는 일, 당장 끝낼 수 있는 일에 집중한다.

계획한 일 가운데 중요한 일을 선별하는 건 말처럼 쉽지 않다.

나는 할 일 목록에 적은 일 옆에 두 시간 정도 걸리는 일은 2H, 세 시간 반 정도 소요되는 일은 반올림해서 4H로 예상 시간을 표시한다.

할 일의 예상 시간이 모두 더해서 8시간을 초과하면 덜 중요한 일, 급하지 않은 일을 미루거나 다른 사람에게 맡긴다. 어쨌든 내가 그 일을 하지 않는다.

시간이 걸리는 일은 4등분 또는 3등분 해서, 일주일 동안 시간을 정해서 그 일만 한다.

시간이 걸리는 일은 일주일 분량으로 나눠서 월요일부터 수요일 혹은 목요일까지 완료하고 금요일에 점검하는 방식으로 계획을 세운다.

이것이 일과를 계획하는 나만의 방식이다. 나는 이런 방식으로 하루, 일주일 동안 할 일을 정리한다. 물론, 이렇게 해도 문제가 생긴다.

할 일 목록을 적었는데 일과 중에 다 끝낼 수 없고 끝내지 못한다.

할 일을 정리해야 하는데 제외할 일은 하나도 없다. 이럴 때 나는 그 일을 끝냈을 때 결과를 예상한다. 내가 어떤 결과를 예상하는지, 다음에 할 일에 영향을 주는지, 그 일을 하지 않았을 때 어떤 일이 벌어질지 예상한다. 결과를 예상해서 다음에 할 일에 영향이 없거나 덜 해도 괜찮은 일, 만족도가 높지 않은 일은 정리하거나 축소한다. 다음에 하는 일에 비슷한 수준의 영향을 준다면 하고 싶은 일, 완료했을 때 만족도가 높은 일을 먼저 한다.

시간이 부족하거나 할 일이 너무 많다고 느끼면 계획을 다시 세운다. 많은 사람이 결과를 얻기까지 긴 시간이 걸리는 일부터 정리한다.

꾸준히 해야 결과가 나오는 일은 결과를 예상할 수 없다. 긴 시간을 노력해서 완료한다는 보장도 없다. 장기 계획이 실패하는 것도 같은 이유에서다.

결과를 얻기까지 오랜 시간이 걸리는 일을 하루 또는 몇 시간 만에 완료할 수 있는 일로 나눈다. 할 일과 시간을 정리하는 것은 일을 작은 단위로 나누는 것이다.

할 일을 작게 나눠서 정리를 해두면 장기 계획을 세우는 것도 어렵지 않다.

우리는 정리와 정돈이라는 말을 들으면, 책상 정돈, 집안 정리 등을 생각한다. 그런 표현이 익숙하기 때문이다.

모든 정리는 원리가 똑같다. '집안 정리하기'가 시간이 오래 걸리는 일이라면 책상 정리, 책장 정리, 냉장고 정리, 식탁 정리, 수납장 정리 등은 시간이 오래 걸리지 않는다. 이렇게 일을 나누고 정리해서 기대치가 큰일, 정리한 결과가 다른 일에 영향을 주는 일, 만족도가 높은 일을 먼저 한다.

기대치와 만족도가 큰일부터 하나씩 완료하면 결과를 바로 알 수 있어서 성취감을 느낄 수 있다. 일이 끝나기만 해도 성취감을 느낀다. 작게 나눈 일을 하나씩 끝내면서 정리를 완료한다.

집안 정리, 할 일 정리를 집안 '정돈', 할 일 '정돈'이라고 쓰지 않는다.

우리는 정리와 정돈을 섞어서 쓴다. 실제로 둘의 의미는 전혀 다르다.

정리와 정돈의 개념을 제대로 알면 시간을 잘 쓰기 위해서 할 일을 정리하고 정돈할 때 유용하다.

나는 《문서작성 최소원칙》에서 정리와 정돈의 개념을 문서 보관을 사례로 들어서 설명했다. 아주 '잘' 보관해둔 문서를 찾느라고 책장과 캐비닛, 문서철 등을 뒤져본 경험은 누구나 있을 것이다. 파일에 끼워서 책장에 넣어놨는데 찾을 수가 없다. 문서를 한곳에 잘 모아두는 것은 정리가 아니다.

보관하는 장소에 모아두기만 하는 것은 정돈이다. 정리는 필요할 때 언제든지 찾아서 쓸 수 있게 준비해두는 것이다.

문서 정리, 할 일 정리 모두 마찬가지다.

질서 정연하게 정돈되어 있다고 해서 그 문서를 찾기 쉽고, 할 일을 제때 할 수 있는 건 아니다.

겉으로 보기엔 정돈이 되어 있지만 필요할 때 그 문서를 찾을 수 없다면 제대로 정리한 게 아니다.

반면, 문서가 여기저기 흩어져있고 책상 위에 어지럽게 쌓여있어도 필요한 문서를 찾아내는 사람은 자기만의 방법으로 제대로 정리한 것이다.

시간을 가치 있게 쓰기 위해 할 일 목록을 정리하고 우선순위를 정한다.

할 일 목록과 우선순위는 할 일을 정돈하는 도구다.

이런 도구는 할 일, 계획을 정리해 주지 않는다.

정돈보다 정리가 어렵다. 할 일을 제대로 정리하려면 세 가지 원칙을 지켜야 한다.

첫째, 장소의 원칙

둘째, 순서의 원칙

셋째, 자기 손으로 정리하는 원칙

할 일을 정리하려면, 우선 그 일을 하는 장소<sup>사무실, 집, 작업장 등</sup>가 명확해야 한다.

먼저 할 일과 나중에 할 일을 명확하게 구분한다.

급하거나 그 일을 하고 싶다고 해서 나중에 할 일을 먼저 하는 건 옳지 않다.

할 일을 정리하는 셋째 원칙이 가장 중요하다.

할 일 정리는 직접 해야 한다. 모두가 자기가 할 일을 스스로 정리한다고 믿지만, 자기가 쓴 할 일 목록을 천천히 살펴보면 내 의지대로 정리한 일은 별로 없다.

대부분 누군가 시킨 일이고 마감기한이 임박해서 안 하면 안 되는 일이다.

스스로 결정해서 종이에 적은 할 일이 하나도 없을 수도 있다. 할 일을 정리하는 것은 누구나 할 수 있다.

누구나 할 수 있는 세 가지 원칙을 지켜야 시간의 가치와 효율을 높이는 계획을 세울 수 있다.

## 최고의 능률을 발휘하는 최소한의 수면시간

 거의 모든 사람이 하루 24시간을 3등분 해서 8시간 동안 일하고, 8시간 동안 출퇴근, 식사, 집안일 등 일상생활을 하고 8시간 동안 잠을 잔다. 7~8시간 정도 잠을 자면 우리 몸은 신체적인 균형을 유지한다. 일과 중에 파괴된 세포는 잠을 자는 동안 다시 생성된다. 생체리듬도 다시 활성화된다. 일, 공부에 더 전념하기 위해서 잠을 줄이면 생체리듬이 깨지고 우리 몸의 면역력이 떨어져서 질병에 걸리기 쉬운 상태가 된다.

 적당히 잠을 자야 체력을 회복하고 일과 중에 집중력을 발휘할 수 있다. 24시간을 3등분 해서 일을 하고 생활하고 잠을 자는 것은 자연계 리듬이다. 자연계 리듬과 생체리듬이 조화를 이루어야 우리 몸은 최상의 상태로 균형을 유지한다. 자연계 리듬에 역행하면 틀림없이 얼마 못 가서 문제가 생긴다.

시간을 정해놓고 일하고 쉬고 잠을 자는 건 산업혁명 이후부터다. 산업혁명 이전에는 자연계 리듬, 자연의 섭리에 따라서 해가 뜨면 일하고 해가 지면 쉬었다. 너무 덥거나 너무 추운 시기에도 쉬었다.

시간을 측정하는 장치인 시계가 없었던 시절에는 '자연 시간Natural Time'을 따랐다. 자연 시간에 따르는 사람들은 일하기 적당한 시간에 일하고 배고플 때 먹고 졸릴 때 잤다. 자연 시간에 따라 생활하던 시절에는 시간을 측정하는 장치만 없었을 뿐이다. 시간의 흐름에 따라 일을 하고 쉬고 잠을 잤다.

6세기 베네딕토회 수사들은 원시적인 시계를 이용했다. 일정한 간격으로 종을 쳤고 수사들은 종소리에 맞춰서 하나의 과제를 끝내고 다음 과제로 넘어갔다. 종소리에 따라 기도하고 공부하고 일했다.

르네상스 시대에 철학자, 건축가, 음악가, 화가, 조각가는 자기만의 방법으로 시간을 활용했다. 칼 오너리는 《시간 자결권》

에 르네상스 시대 조각가 레온 바티스타 알베르티가 하루를 시작하면서 오늘 할 일을 정리하는 것을 다음과 같이 썼다.

"아침에 일어나면 나는 가장 먼저 무엇을 해야 하는지부터 자문한다. 그런 다음 할 일 목록을 작성하고 각각의 일에 적절히 시간을 할당한다. 이건 오전에, 저건 오후에, 또 이건 밤에 하는 식이다."

자연 시간에 따라 생활하던 시절에는 할 일을 아침, 점심, 저녁으로 나눠서 배분했다. 지금은 시계가 가리키는 시간에 따라서 할 일을 배분한다. 이것을 '시계에 의한 노동 Labour timed by the clock'이라고 한다. 일(과제)을 기준으로 시간을 구분하면 일의 양에 따라 일하는 시간이 길어지거나 짧아졌다. 추수하는 시기에는 추수를 끝내야 일을 마친 것이다.

자연 시간에 따라 일을 하던 시기에도 사람들은 계획을 세웠다. 당시에 계획은 단위는 '하루 일거리'였다. 추수할 면적에 따라 사흘 일거리, 일주일 일거리 등으로 일하는 시간을 계산해서 계획했다. 할 일이 많아도 해가 지면 일을 마쳤다. 하지만 시간에 의해서 노동을 규정하면서 일을 하는 시간과 여가 시간을 분명하게 구분했다. 시계가 가리키는 시간에 따라 일을 하는 방식으로 바뀐 후에는 일을 다 끝내든 끝내지 못하든 상관없이 시간이 되면 일을 끝냈다.

산업혁명 이후 자본주의 사회에서는 일을 중심으로 시간을 분배하던 방식에서 시계가 가리키는 시간에 따라 일을 분배하는 방식으로 바뀌었다. 자연 시간에 맞추는 것보다 시계에 의한 노동을 하면서 시간을 더 효율적으로 활용하기 위한 연구가 활발해졌다. 그 연구는 효과가 있었다.

시계가 가리키는 시간에 따라 일, 생활을 하면서 시간은 돈이 되었다. 일분일초를 아껴야 시간을 더 잘 활용한다고 생각하게 되었고 시간을 허비하는 것, 특히 늦게까지 잠자는 것을 죄악으로 여겼다.

지금은 적당히 잠을 자는 것을 건강을 유지하는 비결로 인정한다. 그래도 여전히 시간을 더 가치 있게 쓰기 위해 잠자는 시간을 줄이려는 사람이 많다.

내가 운영하는 '정경수의 더더더' 프리미엄 콘텐츠에 "최고의 능률을 발휘하는 최소한의 수면시간"이라는 제목으로 글을 올렸다. 《휴식, 노는 게 아니라 쉬는 것이다》에서 쓴 글을 다시 정리했다. 이 글은 며칠 만에 수천 명이 조회했다. 시간을 가치 있게, 더 효율적으로 사용하려는 사람이 선택하는 방법이 잠자는 시간을 줄이려고 한다는 것을 이 글의 조회 수로

짐작할 수 있다.

아마도 이 글을 읽는 사람이 확인하고 싶은 것은 '최소한의 수면시간'일 것이다. 최소한의 수면 시간은 모든 사람이 이미 알고 있다.

수면 전문가 캣 더프는 《행복한 잠 여행》에서 최소한의 수면 시간은 전 세계인의 관심사라고 했다. 2012년에 발행한 〈컨슈머 리포트Consumer Reports〉에는 잠자는 시간에 관한 설문조사 결과가 실렸다. 설문조사에 응답한 사람 가운데 약 60퍼센트가 일주일에 적어도 3일 이상 잠을 제대로 못 잔다고 답했다.

잠을 제대로 못 자는 가장 큰 이유로 직업과 관련된 스트레스를 꼽았다. 수면 장애를 앓고 있는 유럽인과 미국인의 수는 크게 차이가 나지 않는다. 대륙별로 보면 유럽인과 비교해서 미국인이 더 오래 일하고 더 적게 쉰다. 미국의 질병통제센터 CDC는 개인적인 차이를 고려해서 권장 수면시간을 제시했다. 청소년은 8시간 30분, 성인은 7시간에서 9시간 사이의 수면시간이 필요하다. 하지만 장기적으로 진행한 연구에서는 7시간 정도 자는 사람들보다 7시간 30분 이상 잠을 자는 사람이 오래 살지 못하는 것으로 드러났다.

충분히 잠을 자는 게 건강을 유지하는 비결이라는 말에는 동의하지만 바쁘게 하루를 보내는 사람들이 잠을 충분히 자는 건 어렵다.

그렇다면 잠자는 시간을 얼마나 줄이면 다음 날 일하는 데 문제가 없을까?

1965년에 미국 플로리다대학의 와일즈 웹 교수는 공군의 지원을 받아서 "8일 동안 3시간만 잠을 자면 어떻게 되는가"라는 주제로 전투기 조종사를 대상으로 실험했다.

"인간은 수면시간을 얼마나 줄일 수 있는가?"

"고난도의 임무를 수행하려면 최소한 몇 시간을 자야 하는가?"

이런 문제의 해답을 찾기 위해 실험을 진행했다.

웹 교수는 실험 결과로 다음과 같은 사실을 밝혀냈다.

"수면시간이 3시간 이하인 상태가 지속하면 깊은 잠을 자는 논렘 수면이 부족하고 얕은 잠을 자는 렘수면은 현저하게 부족하여 신체가 피로를 해소할 수 없다."

최적의 수면법을 설명하는 《4시간 반 숙면법》에서 잠자는 시간이 3시간 이하인 상태가 지속하면 운전, 컴퓨터 작업, 모니터링 등 시각 관련 업무에서 크고 작은 실수가 크게 늘어난다고 했다. 미국 스리마일 섬, 구소련 체르노빌 원전 사고와 우주선 챌린저호 폭발 사건 등도 수면 부족이 원인이었다는 연구 보고서도 나왔다.

연구 결과와 다양한 사례를 종합하면 일, 공부, 생활에서 최고의 능률을 발휘할 수 있는 최소한의 수면시간은 4시간이다.

수면학으로 유명한 취리히대학 알렉산더 보벨리 교수는 최소한의 수면 시간을 알아보는 연구를 했다. 규칙적으로 8시간 동안 잠을 자는 사람에게 일주일 중 4일은 4시간만 자고 3일은 8시간을 자도록 했다. 실험 결과 4일 동안 4시간을 자면 깊은 잠을 자는 논렘 수면은 유지되었다. 하지만 뇌가 잠을 자는 렘 수면은 약간 부족했다. 이 실험을 통해서 중요한 것을 발견했다. 4일 동안 4시간만 자더라도 하루만 보통 때처럼 자면 부족한 잠으로 깨진 신체 리듬이 원래 상태로 회복되었다.

양과 질적인 면에서 적당한 수면시간을 확보해야 한다. 수면의 질을 보통 수준 이상으로 유지하면 몸에 부담을 주지 않으면서 업무와 공부에 집중할 수 있다.

일상생활에 지장을 주지 않는 최소한의 수면시간은 4시간이다. 이상적인 수면시간은 사람마다 다르지만, 일과 중에 피로를 느끼지 않으며 정상적인 생활을 하려면 7~8시간은 잠을 자야 한다. 잠을 잘 때는 불을 끄고 수면을 방해하는 요인을 차단한다. 규칙적으로 밤 12시 전에 잠을 청하고 7시간 정도 잠을 자는 것이 건강을 유지하고 깨어있는 동안 집중력을 높이는 비결이다.

CHAPTER
02

# 시간의 농도를
# 짙게 만들기

## 혼자 있는 시간에 생각하기

시간을 효과적으로 활용하는 것과 시간의 농도를 짙게 만드는 것, 둘은 관계가 있을 수도 있고 없을 수도 있다. 성과를 먼저 생각한다면, 정해진 시간 안에 더 많은 일, 생산적인 활동을 하는 게 시간의 농도를 짙게 만드는 것이다. 일의 본질과 그 일을 왜 하는지 등을 먼저 생각한다면, 내가 앞으로 하는 활동이 정말 올바른지, 경력에 도움이 되는지 고민하는 것이 시간의 농도를 짙게 만든다.

브레인스토밍, 협업, 민주적 의사결정을 강조하는 시대다.

궁금하면 손안에 해결사 스마트폰으로 검색해서 답을 구한다. 여러 사람과 머리를 맞대고 업무를 처리하는 시대를 살고 있다. 정보와 지식이 넘쳐나는 이 시점에 혼자서 생각하는 시간을 갖는지 묻고 싶다.

우리가 리더라고 부르는 사람들은 늘 바쁘다. 드라마, 웹소설의 재벌 주인공을 생각하면 안된다. 각종 회의와 보고, 결재, 미팅 등 여러 가지 일정으로 혼자만의 시간을 갖지 못할 때가 많다. 이들은 혼자서 깊게 생각하는 시간을 가져야 한다는 것을 알고 있다. 여러 사람이 모여서 회의하는 것보다 혼자 생각하는 시간이 더 가치 있다는 사실을 경험으로 알고 있다.

마이크로소프트 창업자 빌 게이츠는 1년에 두 번 생각 주간Think Week을 갖는다. 일주일 동안 외딴섬, 한적한 마을에 들어가 그동안 자기가 해온 일을 돌아보고 앞으로 할 일을 생각한다. 고인이 된 애플의 스티브 잡스는 '다르게 생각하라(Think Different)'라는 말로 인생철학을 보여주었다. 위대한 업적을 남긴 사람은 거의 모두 혼자 있는 시간에 '생각'한다.

대학교수는 일주일에 하루 또는 이틀 정도 수업이 없다. 수업하지 않는 '연구일'에는 생각에 집중한다. 이렇게 생각에 집중한 결과가 연구와 논문으로 나온다.

심사숙고$^{深思熟考}$라는 말이 있다. 깊이 생각하고 오래 고찰한다는 의미다. '숙고'$^{熟考}$가 깊이, 곰곰이 생각한다는 의미다. 심사숙고하려면 생각할 시간이 필요하다. 중요한 결정에 앞서 심사숙고해야 하지만 많은 사람이 시간이 부족해서 충분히 생각하지 못한다. 많은 사람이 당장 눈앞에 닥친 사소한 문제를 해결하는 데 급급해서 중요한 일에는 신경 쓰지 못한다.

혼자서 생각하는 시간은 꼭 필요하다. 혼자서 생각해야 머릿속에 섬광 같은 아이디어가 떠오르고 복잡하게 얽히고설킨 생각이 정리된다.

아인슈타인은 "나는 몇 달이고 몇 년이고 생각하고, 또 생각한다. 그러다 보면 99번은 틀리고 100번째가 되어서야 비로소 맞는 답을 얻어낸다"라고 했다. 레오나르도 다빈치는 "홀로 있을 때는 철저하게 혼자여야만 한다. 만약 친구 한 명이 곁에 있다면 자신의 반은 없다고 봐야 한다"라고 했다.

우리나라에도 깊게 생각한 사람이 있다. 조선의 실학자 정약용은 혜성이 얼음덩어리라는 사실을 미국 천문학자 프레드 휘플보다 100년이나 앞서 추측해냈다. 그저 하늘만 바라보고 혜성이 얼음덩어리로 이루어졌다는 사실을 발견한 것을 보면 정약용은 분명히 천재다. 정약용은 밀물과 썰물 현상이 일어나는 이유가 달과 태양, 지구의 인력 때문이라는 사실도 발견했다. 그는 유배지에서 이런 사실을 발견했다. 유배지에서 홀로 지내면서 《목민심서》, 《경세유표》, 《흠흠신서》를 썼다. 조선의 개화사상가 유길준은 일본과 미국에 사절단으로 다녀온 뒤에 유폐되어 현재 삼청동 지역에서 《서유견문》을 썼다.

프랑스 수학자 앙드레 베유는 감옥에서 대수학을 연구했다. 앙드레 베유는 누구에게도 방해받지 않는 감옥 생활이 흥분된다고 표현했다. 미구엘 드 세르반테스는 《돈키호테》를 감옥에서 쓰기 시작했다.

혼자서 시간을 갖고 생각하면, 중요한 결정을 실수 없이 할 수 있다. 깊이 생각하려면 학습, 즉 배우고 익히는 과정이 선행되어야 한다. 머리가 텅 빈 상태로는 깊은 생각을 할 수 없다. 신경망에 저장된 정보와 지식이 없기 때문이다. 학습으로 정보를 습득하고 머릿속에서 온갖 정보와 지식이 결합해서 신경망에 저장된다. 유사한 분야의 정보가 결합해서 지식이 된다. 지식이 저장된 신경망이 늘어날수록 정보와 지식 사이의 연결이 강화된다. 신경망이 강화되면 새로운 정보를 받아들이고 지식으로 만드는 속도가 빨라진다. 교육과 학습, 복습을 거듭하면서 신경망은 굵어지고 두꺼워지고 튼튼해진다. 서로 다른 분야의 정보와 지식을 연결한 신경망에서 새로운 생각, 깊은 생각이 나온다.

혼자 생각하는 시간이 필요하다는 사실을 모두가 알고 있다. 하지만 사회에서는 소통과 공감을 더 중요한 가치로 여긴다. 특히 회사에서는 혼자 일하는 시간보다 동료, 여러 부서 직원이 협력해서 일하는 시간이 더 많다. 여러 전문 분야의 사람이 모여서 성과를 내는 게 더 큰 이익을 가져오기 때문이다. 이런 사회 분위기 때문에 혼자 깊이 생각해서 자기 역량을 키우기보다 사람들과 어울리는 능력을 더 중요하게 생각한다. 협력과 소통만 강조하는 조직은 그 조직을 구성하는 주체가 개인이라는 사실을 간과한다.

혼자 생각하는 시간을 갖고 깊이 생각해야 후회 없는 결정을 할 수 있다. 혼자서 깊이 생각하지 않으면 내가 하는 결정이 잘못된 결정일 수도 있다는 생각에 불안하고 스트레스를 받는다. 혼자 생각하는 시간을 가져야 비로소 자신의 삶을 통제하는 힘이 생긴다. 혼자 생각하는 시간을 가져야 타인의 결정에 끌려가는 삶에서 벗어난다. 자신의 의지대로, 자기가 세운 계획한 대로 살아가려면 깊게 생각하는 혼자만의 시간을 가져야 한다.

## 내가 하고 싶은 일을 내가 결정한다

　우리는 일과 중에 늘 누군가와 함께 있다. 학생은 학교에서, 직장인은 회사에서 대부분 시간을 보낸다. 주부는 지인과 다양한 활동을 하고 가족과 시간을 보낸다. 많은 사람이 주로 생활하는 공간에서 타인과 함께 시간을 보낸다. 서로 도움을 주고받으며 공부하고 일한다. 협동, 협업, 공유, 공감 등이 지금의 사회를 살아가는 가치관이 됐다. 여러 사람이 공동으로 하는 일에 나만 빠지면 크게 잘못되는 것처럼 생각하게 되었다.

　더 크고 더 많이 이루기 위해서 여러 사람과 어울리는 것은 잘못된 생각이 아니다. 어떤 일이든지 혼자서 하는 것보다 여럿이 해야 더 크게 이루는 건 맞다. 밀어주고 끌어주며 서로에게 힘을 보태준다. 이런 과정에서 활력을 얻는다. 우리가 속해 있는 사회는 '함께'라는 가치를 더 우선시하면서 중요한 한 가지를 간과한다. 그것은 바로 자기 자신, 즉 '혼자'의 가치다.

여럿이 함께 있으면, 군중심리에 따라 마음이 조금 편할 뿐이다. 군중심리는 여러 사람을 따르는 게 나에게도 이익이 된다는 믿음이다. 여러 사람의 의견이 정말 옳은지 그른지 생각하지 않고 단지 많은 사람이 그렇게 한다는 이유로 무리 속에서 그들의 결정을 따른다. 주식투자, 코인 투자, 부동산 패닉 바잉 등이 군중심리로 나타나는 대표적인 현상이다.

군중심리에 따라 행동하고 결정해서 자신에게 이익이 된다면 다행이지만, 이익이 되더라도 스스로 생각하고 판단하는 능력은 점점 줄어든다. 스스로 판단하고 결정하고 행동하는 것은 책임감과 직결된다. 무리에 속해있으면 개인의 책임감은 사람들의 숫자로 나눈 만큼으로 줄어든다. 무리에 속한 사람과 혼자 있는 사람이 느끼는 책임감이 다르다는 사실을 증명하는 실험이 있다.

프랑스 농업공학자 링겔만은 여러 사람이 밧줄을 잡아당길 때와 혼자서 밧줄을 잡아당길 때 중량의 차이로 집단과 개인의 책임감이 다르다는 사실을 증명했다. 실험 방법은 단순하다. 여러 명의 참가자들이 함께 힘을 모아서 밧줄을 잡아당겼을 때와 혼자서 밧줄을 잡아당겼을 때의 중량 차이를 확인했다. 실험 결과, 혼자서 밧줄을 잡아당겼을 때는 63킬로그램을 들어 올렸다. 두 사람이 함께 밧줄을 당겼을 때는 1인당 53킬로그램을 들어 올렸고 참가자가 여덟 명으로 늘었을 때는 1인당 31킬로그램 밖에 들지 못했다.

비슷한 실험에서도 같은 결과가 나왔다. 실험 참가자가 '와!'라고 소리를 지르거나 손바닥을 힘껏 쳐서 소리를 낸다. 한 사람이 소리를 냈을 때 음량과 여러 사람이 함께 소리를 냈을 때 음량 차이를 비교했더니 역시 혼자서 소리를 냈을 때 음량이 제일 컸다. 여섯 사람이 일제히 소리를 질렀을 때는 혼자 소리를 질렀을 때와 비교해서 음량이 절반 이하로 나타났다. 여럿이 함께 소리를 지르면 혼자 소리 지르는 음량보다 소리가 크다. 하지만 혼자서 소리를 지를 때보다 개인은 큰 소리를 내지는 않았다.

심리학에서 이런 현상을 '사회적 생략'이라고 한다. 집단에 속한 개인이 자기 능력을 다 보여주지 않아서 사회적 생략이 나타난다. 군중 속의 개인도 마찬가지다. 여러 사람이 모인 곳에서 개인은 자기가 가진 능력을 '생략'한다. 여럿이 함께 있으면 그 인원수만큼 책임감이 분산되고 능력을 발휘할 필요를 느끼지 못해서 그렇다.

하고 싶은 일, 원하는 것, 바라는 모습을 생각하고 생각한 것을 현실로 만들기 위해서 실천할 때는 열심히 한다. 자신의 결정에 막중한 책임을 느끼기 때문이다. 누군가 시키는 일, 다른 사람의 바람대로 어떤 일을 한다면 책임감을 크게 느끼지 않는다. 주위에 같은 일을 하는 사람이 있으면 '내가 아니면 다른 사람이 하겠지'라는 생각을 한다.

직장에서는 이런 일이 자주 일어난다. 혼자 하면 네 시간 정도 걸릴 것 같아서 동료에게 도와달라고 한다. 산술적으로 혼자서 4시간 걸릴 일을 넷이 하면 1시간 정도면 끝내야 정상이다. 하지만 넷이 함께 일하면 적어도 두 시간 이상 걸린다. 업무량을 잘못 파악해서 시간이 오래 걸리는 게 아니다. 여럿이 일하면 그만큼 책임이 분산되기 때문이다.

하고 싶은 일, 원하는 것을 직접 찾으면 그 일을 더 잘하기 위해, 바라는 것을 이루기 위해서 진심으로 노력한다. 물론, 주변 사람의 조언을 듣는 것은 바람직하다. 하지만 조언은 말

그대로 말로 도움을 주는 것이다.

생각과 결정을 오롯이 내 힘으로 할 때, 시간의 농도는 짙어진다.

## 19호실로 가다

 노벨 문학상을 받은 영국 작가 도리스 레싱은 《19호실로 가다》의 첫 문장을 이렇게 썼다.

 "이것은 지성의 실패에 관한 이야기라고 할 수 있다."

 여러 작가와 기자는 자기만의 공간 또는 혼자서 사색하는 시간의 필요성을 강조하기 위해서 《19호실로 가다》의 문장을 종종 인용한다.

 "수전은 안락의자에 앉아 눈을 감았다.

 이 방에서 수전이 뭘 했을까? 아무것도 하지 않았다. 충분히 쉬고 나면 의자에서 일어나 창가로 가서 양팔을 쭉 뻗고 미소를 지으며 밖을 내다보았다. 익명의 존재가 된 이 순간이 중요했다. 여기서 그녀는 네 아이의 어머니, 매슈의 아내, 파크스 부인과 소피 트라우브의 고용주인 수전 롤링스가 아니었다. …(중략)… 한없이 공상에 잠기며, 아니 이것을 뭐라고 표현해야 할까, 곰곰이 생각에 잠기고, 방황하고, 깜깜하게 어두워져서 공허함이 피처럼 혈관을 따라 즐겁게 도는 것을 느끼며 보내는 시간이 많았다."

출처 : 도리스 레싱, 《19호실로 가다》

타인의 눈에는 주인공이 아무런 문제 없이 잘 사는 것으로 보인다. 하지만 주인공은 삶에 지쳐있다. 독자는 소설의 끝을 읽기 전까지 자신을 오롯이 느끼는 물리적인 공간, 자신을 성찰하는 장소가 '19호실'이라고 생각한다. 주인공은 반나절쯤 혼자가 되는 공간인 19호실에서 자신을 위로한다. 고단한 삶을 19호실에서 치유한다고 생각했는데, 19호실의 존재가 밝혀지자 마지막에 주인공은 극단적인 선택을 한다.

주인공 수전은 자기만의 인생을 살기를 원했다. 모두가 그럴 것이다. 가족이 곁에 있어도 외로움을 느낀 이유는 자기만의 인생을 살지 못한다고 생각해서다. 사람은 누구나 외롭다. 내

마음을 알아주는 가족, 친구와 함께 있어도 온전히 나 자신을 내보이지 못한다. 속내를 보여도 그들이 나의 전부를 볼 수는 없다. 외로움을 느끼는 정도는 사람마다 다르다. 권력자, 부자, 기업 경영자 주변에는 늘 많은 사람이 있지만, 이들은 모두 외롭고 고독하다.

인간자연생명력연구소 서광원 소장이 쓴 《사장의 길》에는 크고 작은 기업을 경영하는 사업가들의 이야기가 나온다. 여기서 경영자는 모두 외롭다고 했다. 겉으로는 사업가로서 성공한 모습이지만 직원들과 함께 회식 자리에서 즐길 수도 없다. 회식 자리에서 적당히 빠져주지 않는 사장은 존재 자체가 폭력이라는 말 때문이다. 그러면서 성공한 사업가가 느끼는 외로움을 '달의 뒷면'에 비유했다.

우리가 보는 달은 항상 같은 면이다. 지구와 달이 공전하는 속도와 자전하는 속도가 같아서 지구에서는 항상 달의 같은 면만 보인다. 중국의 달 탐사선이 달의 뒷면을 촬영한 사진이 뉴스에 보도되었지만, 여전히 달의 뒷면은 정확히 알 수 없는 공간으로 통한다. 우리가 못 본다고 달의 뒷면이 없는 것은 아니다. 볼 수 없어서 보이지 않을 뿐이다. 달의 뒷면은 있다.

《사장의 길》에는 경영자의 외로움을 달의 뒷면이라고 했다.

모든 사람에게는 달의 뒷면처럼 보이지 않는 곳이 있다. 그곳은 보려고 해도 보이지 않다. 19호실로 간 수전도 자신의 보이지 않는 곳을 보려고 했을 것이다. 사람들은 권력자나 자산가 앞에서 대부분 좋은 말을 한다. 그들이 듣고 싶어 하는 말을 한다. 진정으로 그의 편에서 내면을 보려고 하지 않는다. 권력과 부를 가진 사람을 도와줄 필요도, 걱정할 필요도 없어서다.

권력자와 자산가는 이런 사실을 잘 안다. 이들은 의지할 곳도, 의지할 사람도 없다는 것을 알고 있다. 경영자가 회식 자리에서 먼저 자리를 피하는 것처럼, 누군가와 함께 있는 것보다 《19호실로 가다》의 주인공처럼 혼자 있는 것을 택한다. 자진해서 고독을 선택한다.

혼자서 밥을 먹고 술을 마시는 혼술, 혼밥처럼 원하지 않는 시간에 혼자가 되는 게 아니라 스스로 원해서 혼자만의 시간을 갖는 것은 자발적 고독이다. 자발적으로 고독한 시간을 보내면 자신을 성찰할 수 있다. 자신을 되돌아보면서 여러 사람과 어울리는 동안 소모된 에너지를 충전한다. 혼자만의 시간에는 아무것도 안 해도 괜찮다. 편안한 자세로, 편안한 마음으로 여유를 갖고 자신에 관해서만 생각한다. 다른 생각은 하지 않는다.

나 자신에 관해서 생각하는 방법으로 일기 쓰기를 추천한다. 우리가 흔히 알고 있는 일기 형식도 괜찮지만 반드시 일기처럼 쓰지 않아도 된다. 내 머릿속에 생각을 글로 쓰거나 낙서하는 것도 좋다.

일본의 행동 변화 전문가 나가야 겐이치는 《잘했어요 노트》에 '잘한 일'을 하루에 한 줄씩 적으라고 했다. 아주 좋은 방법이다. 칭찬 일기를 쓰는 것이다. 그는 학교와 회사에서 '반성'의 시간을 자주 갖는다고 했다. 잘못한 일을 반성하는 시간은 필요하다. 하지만 반성만 하면 변명이 늘어난다. 앞으로 나아갈 수 없다. 하루가 엉망인 채로 지나갔어도 잘한 일이 하나쯤은 있다. 그것을 일기에 쓴다. "책상을 정리해서 깨끗해졌다", "어려운 일을 혼자서 끝냈다", "간식을 준비해서 동료와 먹었다"처럼 잘한 일, 잘했다고 생각하는 일을 적는다.

일본의 광고 전문가 사카토 켄지는 《메모의 기술》에서 혼자 있는 시간에 일기를 쓴다고 했다. 그는 혼자만의 시간을 갖고 자기 생각을 돌아보기 위해서 생각과 느낌을 적는다. 때로는 생각과 느낌을 적지 않고 신문에서 보았던 기사를 베껴 적는다. 일기에 쓸 내용이 없으면 '오늘은 아무것도 하지 않았다'라고 쓴다. 아무것도 쓰지 않는 날은 없다. 생각과 느낌을 짧게

라도 쓴다.

  자기 생각을 눈으로 확인하는 가장 좋은 방법은 종이에 쓰는 것이다. 종이에 적으면 머릿속에 떠다니는 생각이 확실해진다. 생각이 확실해지면 내일을 살아갈 에너지가 생긴다.

## 오롯이 나를 위해 시간을 쓴다

 운전할 때는 반드시 '차간 거리'를 지켜야 한다. 앞에 가는 차와 그 뒤를 따라가는 차 사이의 간격이다. 빠른 속도로 달리는 고속도로에서는 앞차와 상당한 거리를 유지해야 한다. 고속도로와 비교해서 빠른 속도로 달리지 않는 시내에서는 몇 미터 정도 거리만 유지한다. 차간 거리는 앞차가 급정거하거나 돌발 상황에 대비하기 위한 거리다. 자동차 제조사는 앞차와의 간격을 최소 4미터까지 유지해 주는 차간 거리 유지 장치를 개발하여 일부 차량에 장착하고 있다.

운전할 때 차간 거리를 지키는 것처럼 인간에게도 이런 거리가 필요하다.

인간관계로 인해서 스트레스를 받는다면 자신을 격리해야 한다. 행동심리학에서는 타인과 일정한 거리를 두는 것을 '퍼스널 스페이스'라고 한다. 퍼스널 스페이스는 사람과 사람 사이의 거리다. 이 거리까지는 다가와도 좋다 또는 이 거리보다 가까이 다가오면 불쾌하다는 신호를 보내는 보이지 않는 벽이다. 퍼스널 스페이스는 공용 공간에서 개인의 사적 공간을 나타낸다.

퍼스널 스페이스는 친구, 직장 동료, 연인, 가족 등 관계에 따라 달라진다. 강연이나 연설에서 적절한 거리는 3.6미터 이상이다. 강연자가 청중과 3.6미터 이내의 거리에 있다면, 강연자와 청중 모두 부담을 느낄 수도 있다.

친구, 직장 동료는 이보다 더 가까운 1.2미터 정도다. 연인이나 가족과 거리는 45~15센티미터 정도로 가깝다. 마음의 거리와 물리적인 거리는 함께 있는 사람의 성격과 됨됨이, 관계에 따라 달라진다.

퍼스널 스페이스, 즉 물리적인 거리만 유지해도 여러 사람이 모여 있는 공간에서도 혼자만의 시간을 가질 수 있다. 붐비지 않는 커피전문점, 도서관, 한적한 공원 등은 혼자만의 시간을 갖는 공간으로써 모든 조건을 충족한다. 특정 공간에 혼자 있다고 혼자만의 시간을 보내는 건 아니다. 안락한 곳에서 혼자만의 시간을 보내는 것도 좋고, 주변에 사람이 있어도 자기만의 시간을 갖는다면 시간의 농도를 좀 더 짙게 만들 수 있다.

혼자만의 공간에 있다고 모두가 오롯이 자기만의 시간을 갖는 건 아니다. 일단, 혼자라는 걸 느끼려면 어느 정도 시간이 필요하다. 잠시 쉬면서 한숨 돌리면 여러 가지 생각이 머리에 떠오른다. 머릿속이 복잡해지고 멍한 상태가 된다. 멍한 채로 시간을 보내는 게 나쁘다고 말할 수는 없지만 멍한 상태로 계속 있는 사람은 없다.

혼자만의 시간을 갖고 깊이 생각할 때 중요한 것이 '장소'다. 퍼스널 스페이스를 지키며, 혼자만의 시간을 오롯이 누릴 수 있는 공간은 사람마다 다르다. 예를 들면, 사람이 많은 커피전문점이나 도서관에서 공부가 잘되는 사람이 있고, 혼자 있는 방에서 공부가 잘되는 사람도 있다. 늦은 밤에 공부가 잘되는 사람, 새벽에 공부가 잘되는 사람도 있다. 이와 마찬가지로 혼자만의 장소와 시간도 사람마다 다르다.

혼자만의 시간을 가지려면 참견이나 방해를 적게 받는 장소에 있어야 한다. 이스라엘의 수학자이자 경제학자 아리엘 루빈스타인은 '편안히 생각에 잠길 수 있는 장소'를 물색하고 수집한다. 그는 여행을 다니며 편안히 생각에 잠길 수 있는 장소를 찾아다닌다.

그의 홈페이지<sup>arielrubinstein.tau.ac.il</sup>에서 '생각할 수 있는 카페<sup>Cafes where one can think</sup>' 메뉴를 클릭하면 그가 찾은 생각에 잠길 수 있는 장소가 지도에 표시된다. 서울의 카페 세 곳도 그가 찾은 생각할 수 있는 카페 목록에 있다.

생각에 잠길 수 있는 장소로 아리엘 루빈스타인이 찾은 카페 가운데 대학가의 카페 두 곳을 직접 가봤다. 한 곳은 지하에 있었고 또 한 곳은 이면 도로에 위치한 건물 1층에 작은 규모로 운영 중이었다. 지하에 위치한 카페는 조용했다. 손님이 적을 때는 혼자만의 시간을 갖기에 좋은 공간이었지만, 손님이 많을 때는 그렇지 않을 것 같았다. 이면 도로의 카페는 주변에서 공사를 하고 있어서 적어도 공사가 끝날 때까지는 생각하기에 좋은 장소는 아니었다. 그가 이 카페를 찾았을 때는 공사를 하지 않았을 것이다.

나는 카페보다 나무가 우거진 공원을 걸으며 혼자만의 시간을 갖는다. 레베카 솔닛은《걷기의 역사》에서 산책을 '몸과 마음이 하나로 조율되는 상태'라고 했다. 오롯이 혼자 있는 시간에 몸과 마음이 하나로 조율된다면, 혼자만의 시간을 완벽하게 누리는 것이다.

산책은 생각을 자극하는 효과가 입증되었다. 스탠포드대학 연구진은 직장인이 사무실 밖을 돌고 오는 것만으로도 창의적으로 생각하는 능력이 60퍼센트 이상 증가한다는 연구 결과를 내놓았다. 산책은 생각을 정리하게 만드는 효과가 있다. 글쓰기, 작곡처럼 창의적인 활동이나 복잡한 계산처럼 생각이 필요한 작업을 하는 동안 두뇌는 피로를 느낀다. 이때 잠시 쉬면서 산책을 하면 머리가 맑아진다. 산책하는 동안 생각이 완전히 다른 곳으로 가지 않는다.

오롯이 혼자만의 시간을 누리려면 시간과 장소를 선택하는 것 외에 꼭 해야 하는 일이 있다. 바로 스마트폰을 끄는 것이다. 스마트폰이 없었던 시절에는 장소가 중요했지만, 지금은 그곳이 어디든지 스마트폰이 혼자 있는 시간을 방해한다. 스마트폰을 끌 수 없다면, 비행기 모드로 전환하거나 SNS를 로그아웃한다. 스마트폰을 끄고 혼자만의 장소와 시간을 꼭 누리기 바란다. 생각을 정리하는 기회가 될 뿐만 아니라 깊게 생각하는 능력을 키울 수 있다.

## 일의 의미를 생각한다

과거부터 현재까지 하는 일, 앞으로 할 일, 그 일의 '의미'를 생각해 본 적이 있는가?

우리의 하루는 늘 바쁘다. 내일까지, 이번 주까지, 이번 달 안에 해야 할 일이 있다.

'몰입', '집중'에는 특정한 일에 열중하는 모습이 담겨있다. 일상을 바쁘게 보내도 할 일은 여전히 많다. 열심히 무언가를 했는데 완료한 일은 별로 없다.

이럴 때는 내가 지금 하는 일이 정말 가치 있는 일인지 생각해 봐야 한다. 바쁜 와중에 시간을 내서 집중해서 하는 일이 실제로는 큰 의미가 없는 일일 수도 있다.

일단 시작해서 어느 정도 그 일을 해야 의미를 알 수 있는 일도 있다. 일과 중에 의미 없는 일만 줄여도 시간의 농도가 짙어진다. 집중해서 일하는 것이 중요한 만큼 할 일과 한 일의 의미를 생각하는 시간도 중요하다. 혼자만의 시간에 지금 하는 일의 의미를 생각하기를 권한다. 나 자신을 최우선 순위에 두고 자신의 상태, 현재 하는 일과 가족, 동료, 주변 사람, 상황 등을 생각한다.

철저하게 나 자신을 우선순위 제일 위에 두고 생각한다. 목표를 정하고 계획을 세우는 시간이 아니라 나 자신을 들여다보는 시간이다. 일을 중심에 두면 언제나 비슷한 계획을 세우게 된다. 반면, 나 자신을 중심에 놓고 생각하면, 일을 무조건 빨리 끝내는 계획을 세우지 않는다.

에이브러햄 링컨은 "내게 나무를 벨 시간이 여덟 시간 주어진다면 그중 여섯 시간은 도끼를 가는 데 쓰겠다."라고 했다. 나무 베는 일을 빨리 끝내려고만 하면, 나무 벨 준비를 하기보다 일단 무딘 도끼로 나무를 베기부터 한다.

도낏날이 무딘 상태로 나무를 베면 힘만 들고 정작 나무는 많이 베지 못한다. 나무꾼에게 도끼는 매우 중요하다. 도끼날이 무디면 나무를 베기 힘들다. 무딘 날을 날카롭게 갈면 힘은 덜 들이고 더 많은 나무를 벨 수 있다.

일찍부터 무딘 도끼로 나무를 베는 것과 나무를 나중에 베더라도 우선 도끼날을 가는 것, 둘 중 '나'를 중심에 놓고 생각하면 해답은 분명하다.

도끼의 무딘 날을 가는 것이 시간 낭비처럼 보일 수 있지만, 날이 선 도끼를 손에 들었을 때는 생각이 달라진다. 날이 선 도끼는 나무를 몇 번 만에 찍어서 넘어뜨린다. 무딘 도끼날로 나무를 벨 때보다 힘은 덜 들이고 나무를 더 많이 벨 수 있다.

도끼날을 갈고 나무를 베면 같은 양의 나무를 베어도 힘을 덜 쓴다. 힘을 다 쓰지 않아서 다른 일을 더 할 수도 있다. 다음 날 일하는 데 부담이 덜하다.

바쁠수록 쉬어가라는 말이 있다. 아무리 바빠도 잠시 쉬면서, 일의 의미를 생각해야 한다. 그 일을 하는 의미를 제대로 알아야 능률이 오른다.

사이먼 사이넥은 《나는 왜 이 일을 하는가?》에 월마트의 창업자 샘 월튼의 일화를 소개했다. 샘 월튼은 대공황 시기에 신문 배달 구역을 잘 관리해서 엄청난 성공을 거두었다. 꽤 많은 수입을 얻은 후에 아칸소주에 상점을 열고 사업을 시작했다. 그는 최저가 쇼핑 모델이나 저가 유통망, 고객의 충성도를 높이는 저가 전략 등을 고안하지 않았다.

샘 월튼은 자신이 사람$^{직원, 고객}$을 돌보고 살핀다면 그 사람들도 자신을 마찬가지로 대할 거라는 믿음이 있었다. 그는 직원과 고객에게 그리고 지역사회에 더 많은 혜택을 주었고 그의 믿음대로 직원과 고객, 지역사회는 월마트에 더 많은 수익을 가져다주었다. 샘 월튼이 사망한 후에 그의 믿음이 기업의 가치에 고스란히 반영되지는 않았다.

지금의 월마트는 '저가$^{low\ price}$' 말고는 아무것도 남지 않았다는 혹평을 듣기도 한다. 나는 그 이유가 일의 의미를 잊어버려서 그렇다고 생각한다. 글로벌기업 창업자, 작은 가게를 운영하는 상인, 인터넷과 모바일로 매출을 올리는 사람 등 모두가 일의 의미를 생각해야 한다. 바쁜 일상 속에서 잠깐의 휴식을 '망중한$^{忙中閑}$'이라고 한다. 바쁜 가운데 한가로운 때를 말한다. 바쁠수록 쉬어가라는 말처럼, 나무꾼이 도끼를 갈며 잠시 숨을 돌리는 것처럼 일의 의미를 생각해야 능률이 오른다.

망중한$^{忙中閑}$에서 망$^{忙}$은 마음 심$^{心}$과 잃어버릴 망$^{亡}$으로 이루어졌다. 바쁘면 마음을 잃어버린다. 일에 열중하면서 정작 그 일을 하는 의미를 잊는다. 한꺼번에 많은 일을 하거나 과도한 업무가 계속되면 피로가 쌓이고 실수가 잦아진다. 그 일이 중요한지, 중요하지 않은지 생각하지 않고 몰두해서 정작 중요한 일을 깜빡 잊기도 한다. 실수하거나 잊어버린 일이 생각나면 스스로 자책하며 짜증을 낸다.

바쁠수록 쉬면서 지금 하는 일을 하는 의미를 생각해야 한다. 무작정 나무를 베기보다 도끼날을 갈면서 나무를 벤 후에 나무를 옮기는 것까지 생각해서 계획을 세운다. 망중한은 짧은 휴식이다. 휴식은 며칠 동안 휴가를 내서 푹 쉬거나 여행을 떠나는 게 아니다. 일상 속에서 짧은 휴식을 취하면서 한동안은 멍한 채로 있는 것도 좋다. 낮잠도 자고 여유를 갖고 일의 의미를 생각한다, 그러면 바쁘게 일하는 동안 제자리를 잃어버린 마음이 다시 돌아온다.

## 노력으로 시간을 채운다

나는 효율을 먼저 생각하는 최적주의자다. 목표로 정한 기대치만큼만 최적의 노력으로 최대치의 결과를 얻는 게 내 바람이다. 예를 들어, 현재 하는 일의 기대치 100을 달성하려면, 노력의 양은 최하 200, 최대 300 정도를 들여야 한다. 이 경우 나는 약 200정도의 노력을 들여서 기대치를 달성하는 계획을 세운다.

소설가 김영하가 쓴 산문집 《읽다》에 이런 내용이 나온다.

"지금까지 대략 스무 권 정도의 책을 출간했을 것이다. 그런

데 읽은 것은 몇 권일까? 다독가는 아니지만, 지금까지 수백 배는 읽었을 것이다. 이 비대칭성에 나는 늘 압도되곤 한다. 수천 권을 읽고 고작 스무 권을 쓴 셈인데 대부분의 작가들이 그럴 것이다. 질에 있어서도 대체로 읽는 것보다 못한 것을 써서 세상에 남긴다."

그는 작가가 굉장히 많이 읽지만 쓰는 양은 매우 적고 읽은 것보다 질적으로 못한 것을 남기는, 매우 비효율적인 직업이라고 했다. 장편 소설 하나를 쓰기 위해서 수십, 수백 권의 책을 읽어야 하고 다양한 매체에서 무수히 많은 글을 읽지만, 소설가가 쓴 소설이 과거에 출간된 소설보다 내용 면에서 기대를 충족시키지 못하는 경우가 더 많다면 생산성 면에서 '비효율'이라고 할 수 있다.

작가는 한 편의 글을 쓰기 위해서 수십, 수백 권을 읽는다. 작가만 이러는 게 아니다. 거의 모두가 보통 수준의 결과물을 얻기 위해서 시간과 비용, 노력을 들인다. 최고의 결과물이 아니라 적당한 수준의 결과물을 만들기 위해서 시간과 노력을 들인다. 결과물을 만드는 모든 과정이 마찬가지다. 100이라는 기대치를 얻기 위해 그보다 몇 배, 몇 십 배 이상을 투자한다. 100이라는 기대치를 얻기 위한 노력의 양이 있다. 그 양이 딱 어느 정도여야 한다고 정해져 있는 건 아니지만, 반드시 채워야 하는 절대량이 있다. 그 절대량을 채워야 질적으로 양적으로 기대치 100을 충족하는 결과를 얻는다.

노력의 절대량을 반드시 채워야 하는 것이 '공부'다. 운이 좋아서 자기 실력보다 좋은 점수, 좋은 대학을 가는 사람이 종종 있다. 하지만 공부에는 운이 통하지 않는다. 공부법, 공부 습관, 입시 전략 등을 주제로 강연하는 입시 전문가들이 공통으로 하는 말이 있다.

"공부에는 왕도가 없습니다."

이들이 말하는 전략을 한 줄로 정리하면 다음과 같다.

"목표를 정하고 계획을 세우고 자기에게 맞는 공부법을 찾아서 꾸준히 노력하면 틀림없이 성적이 향상됩니다."

공부만 이 전략이 통하는 건 아니다.

세상에 알려진 거의 모든 성공 법칙이 이 전략에 기초한다. 여기서 키워드는 '목표', '계획', '자기에게 맞는', '꾸준히'다. 네 가지 키워드 가운데 가장 중요한 것을 고르라고 하면 나는 무조건 '꾸준히'를 고른다. 적어도 노력의 절대량을 채우기 전까지는 꾸준히 해야 한다.

노력의 절대량을 설명하기 위해서 끓는 점, 어는 점 등의 임계점으로 예로 든다. 물은 섭씨 0도에서 얼음$^{고체}$이 되고 섭씨 100도에서 수증기$^{기체}$가 된다. 섭씨 0도와 100도를 각각 어는점, 끓는점이며 임계점$^{Critical\ point}$이라고 한다. 임계점은 물질의 구조와 성질, 상태가 바뀌는 시점의 온도와 압력이다.

노력에도 임계점이 있다. 예를 들면, 정보를 습득하고 학습을 통해서 정보가 지식으로 바뀌는 지점, 다양한 분야의 지식이 모여서 지혜가 되는 지점이 임계점이다. 정보와 지식의 차이를 굳이 나누자면, 오늘 학습으로 얻은 것은 정보다. 아직은 지식이 아니다. 정보가 머리에 저장되어 언제든지 꺼내서 쓸 수 있는 상태, 즉 활용할 수 있는 상태가 돼야 지식이다. 책이나 교육을 통해 얻은 정보를 지식으로 바꾸려면 꾸준히 노력한 시간과 여러 분야에서 얻은 정보를 축적해야 한다.

정보가 지식으로 바뀌는 기간을 산술적으로 며칠이라고 단정할 수는 없다. 머리에 저장된 정보 사이에 연결 고리가 생겨서 언제든지 꺼내서 쓸 수 있는 상태의 지식으로 만드는 시간, 즉 꾸준한 노력을 하는 시간을 단정하듯 밝힌 책이 있다. 바로 《아웃라이어》다.

이 책을 쓴 말콤 글래드웰은 《아웃라이어》에 성공하기 위한 노력의 양을 시간으로 계산해서 명확하게 제시했다. 그가 제시한 노력의 양은 1만 시간이다. 1만 시간을 노력으로 채우면 그 분야의 대가가 된다고 주장했다. 1만 시간을 노력해서 대가가 된다는 주장을 세계적인 기량을 가진 인물을 예로 들면서 '1만 시간의 법칙'으로 만들었다. 1만 시간을 산술적으로 계산하면 '하루에 3시간씩 10년 동안'이다. 1만 시간을 노력하면 어느 분야든지 재능을 키워서 대가가 된다는 그의 주장은 설득력이 있다.

하지만 성공 여부는 사람마다 기준이 달라서 어떤 상태가 돼야 성공했다고 말하긴 어렵다.

1만 시간의 법칙을 많은 사람이 인정하는 이유는 노력의 절대량을 숫자로 명쾌하게 제시했고, 10년 동안 노력을 지속하는 게 매우 어렵기 때문이다.

1만 시간의 법칙에는 시간의 양뿐만 아니라 노력의 질까지 제시해서 말콤 글래드웰이 주장하는 1만 시간 법칙의 조건에 맞추기는 절대로 쉬운 일이 아니다.

김영하 작가는 수십, 수백 권을 읽고 '고작' 스무 권정도 책을 냈다고 했다. 그는 상당한 양을 읽었지만, 양적으로 많이 쓰지 못했고 질적으로도 읽은 책보다 쓴 책이 못하다고 하면서 '비대칭성'이라고 했다.

모든 일에서 노력의 시간은 내가 얻은 결과물, 성과, 업적 등과 비교했을 때 비대칭성을 보인다. 노력의 시간과 결과는 비례 관계가 성립하지 않는다. 비대칭성을 인정하고 1만 시간 혹은 그보다 더 오랜 시간을 노력으로 채워야 시간의 농도가 높아진다.

한 가지 고무적인 것은 노력으로 채운 시간은 오롯이 내 몸에 들어온다. 한번 짙어진 시간의 농도는 한동안 노력을 쉬어도 여간해서는 옅어지지 않는다.

짙어진 시간의 농도는 꽤 오래 유지된다. 습관이 하루아침에 없어지지 않는 것처럼 웬만해서는 옅어지지 않는다. 그러니 나에게 주어진 시간을 목표와 계획, 다양한 도구의 도움을 받고 이용해서 노력으로 채우기 바란다.

## 동기를 부여하는 세 가지 방법

많은 사람이 할 일을 미루고 아무것도 하지 않은 채 시간을 보낸다. 시간이 한참 지난 후에 시계를 보고 "벌써 시간이 이렇게 됐네."라며 급한 일을 서둘러서 처리한다. 에너지가 바닥나서 일할 의욕이 없다면 아무것도 하지 않는 시간을 보내는 것도 필요하다. 하지만 미루는 게 습관이라면 시간의 농도는 옅어진다.

할 일을 미루는 것을 시간 관리와 의지력, 인내심으로 해결하려는 사람이 있다. 심리학자들은 미루기를 인간의 뇌가 생존을 위해서 상황에 대처하는 방식이라고 말한다. 인간의 뇌는 감정적으로 불편한 일을 피하는 쪽을 선택한다. 나에게 도움이 되는 일인지, 도움이 안 되는 일인지 고민하지 않는다. 뇌는 기분 좋은 것, 몸이 편한 쪽을 선택한다. 일, 공부, 운동, 사유 등 나에게 도움이 되는 게 분명한 행동을 미루는 것은 지극히 정상적인 뇌의 반응이다.

오타와 칼튼대학 교수 팀 파이킬은 19년이라는 오랜 기간을 미루기procrastination에 관해서 연구했다. 그는 논문에서 공부를 미뤘다가 엉망인 성적표를 받은 학생이 시험을 앞두고 공부를 미뤘던 자신을 용서했을 때 다음 시험에서 공부를 덜 미뤘다고 밝혔다. 반면, 자기관리에 철저한 학생은 스스로 자책하지만 미루기에는 약한 모습을 보였다. 상식과 반대의 결과가 나온 것이다.

팀 파이킬 교수는 미루기를 뇌가 지극히 정상적으로 반응하는 모습이라고 했다. 모든 사람이 무의식적으로 할 일을 미룬다. 인간의 뇌는 할 일을 미루도록 지시한다. 며칠 뒤에 다가올 미래를 확실히 예상할 수 있어도 지금은 편하고 즐거운 쪽을 택한다. 미루기를 멈추는 방법은 단 하나, "시작하기"다. 예외는 없다. "그냥 해", "닥치고 해"처럼 강압적인 표현은 오히려 반발심만 불러온다. 이런 말을 들으면 뇌는 시작할 기분이 아니라고 응답한다. 어르고 달래서 몸이 시작하도록 만들어야 한다.

일단 시작하려면 동기가 필요하다. 동기를 만들어내는 세 가지 방법이 있다.

첫째, 규칙 만들기

둘째, 루틴 만들기

셋째, If then 플랜

세 가지 방법을 적절하게 활용하면 습관적으로 미루는 행동이 비약적으로 줄어든다.

첫째, 규칙은 긍정적이고 합리적으로 정한다. '이것은 반드시 한다', '저것은 절대로 금지한다'처럼 강제하거나 금지하는 규칙은 꾸준히 지키기 어렵다. 규칙을 만들고 지키는 이유는 실행하면 좋은 것, 익숙하지 않은 일을 꾸준히 하기 위해서다. 예를 들어, '아침에 일찍 일어나기'를 규칙으로 정했다면, 아침에 일찍 일어나서 반드시 특정 행동으로 보상하는 규칙이나 늦게 일어나면 자신에게 벌을 주는 것을 규칙으로 정하는데 이런 방법으로 효과를 볼 수 없다. 아침에 일찍 일어나는 것을 규칙으로 정하고 여유 있게 출근을 준비하거나 이른 아침에

햇볕을 쬐며 하루를 기분 좋게 시작하는 정도면 충분하다.

시작하는 데 에너지를 덜 쓰기 위한 규칙은 그 일을 언제, 어디서, 어떻게 할지 등을 고민하지 않게 해주면 그것으로 충분하다. 언제, 어디서, 어떻게 실행할지 규칙으로 정하면 실행하는 데 부담이 줄어든다. 어떤 일이든지 시작할 때 가장 많은 에너지가 필요하다. 규칙을 정해두면 시작할 때 많은 에너지가 들지 않는다. 생각하지 않고도 규칙을 정한 대로 시작하면 힘이 덜 든다. 시작할 때 에너지를 덜 써서 중요한 일에 더 많은 에너지를 쏟아부을 수 있다.

둘째, 루틴 만들기다. 루틴은 습관과 비슷한 면이 있지만 다른 개념이다. 어떤 일이든 습관이 되면 몸이 그냥 움직인다. 습관으로 우리 몸에 들어온 행동은 아무런 저항 없이 저절로 한다. 에너지도 거의 들지 않는다. 루틴은 자기만의 규칙이다. 반복해서 실천해서 습관이 되기도 한다. 남들이 보기에 이상해도 상관없다. 루틴대로 실행해서 시작하기가 수월하다면 계속 그대로 하면 된다. 많은 운동선수가 자기만의 루틴을 철저하게 지킨다. 경기 전에 준비운동을 하면서 헤드폰으로 항상 같은 음악을 듣고, 신발을 신을 때 왼쪽부터 신는 등 자기만의 루틴을 지킨다. 루틴을 정해서 지키는 사람을 보고 주변에서는 징

크스 혹은 불필요한 행동이라고 말한다. 루틴을 지켜서 좋은 결과를 얻는다면 다른 사람의 말에는 신경 쓰지 않아도 괜찮다. 루틴을 실행하고 나서 시작하기가 수월하고 자신감이 생긴다면 그걸로 충분하다.

셋째, If then 플랜은 'X라면 Y를 한다'라는 규칙이다. 공부하기가 목표라면 '공부를 열심히 한다'처럼 추상적으로 생각하는 게 아니라 '아침 식사 후에 영어 단어 10개, 저녁 식사 후에 영어 문장 5개를 외우기', '잠자리에 들기 전에 수학 문제 오답 노트 정리하기'라는 규칙을 만든다. 아침과 저녁 식사를 마치고 영어 단어 10개, 문장 5개를 노트에 적는다. 그리고 잠자리에 들기 전에 수학 문제집을 펼치고 오답 노트를 정리한다.

규칙을 만들면 의식하지 않아도 규칙에 따라 행동한다. 규칙이 동기를 부여하는 것이다. 'X라면 Y를 하겠다'라는 규칙을 만들어도 항상 규칙대로 실행하기 어렵다. 하지만 이렇게 규칙을 만든 사람이 규칙을 정하지 않은 사람보다 7.5시간 먼저 일을 완료했다는 연구 결과가 있다. 규칙을 정하면, 규칙대로 실천하려고 해서 미루거나 포기하는 횟수가 줄어든다.

규칙과 루틴, If then 플랜을 만들고 실천해서 시작하는 데 필요한 동기를 부여하고 미루기도 줄일 수 있다.

## 시간을 다르게 쓰는 것

일본의 경제학자 오마에 겐이치는 《난문쾌답》에서 인간을 바꾸는 세 가지 방법을 소개했다.

"인간을 바꾸는 방법은 3가지뿐이다. 시간을 달리 쓰는 것, 사는 곳을 바꾸는 것, 새로운 사람을 사귀는 것. 이 3가지 방법이 아니면 인간은 바뀌지 않는다. '새로운 결심을 하는 것'은 가장 무의미한 행위다."

오마에 겐이치의 통찰력을 보여주는 문장이다. 나는 이 문장을 보고 무릎을 '탁' 쳤다. 굳은 결심과 목표, 계획이 왜 좋은 결과로 이어지지 않았는지, 질문의 해답이 여기에 있구나 싶었다.

오마에 겐이치가 말한 세 가지 방법을 곧이곧대로 들으면, 해답을 찾을 수 없다. 사는 곳을 바꾸기 위해 집을 이사하고, 새로운 사람을 사귀기 위해서 한 번도 만나본 적 없는 사람과 교류하라는 뜻이 아니다. 현재 사는 곳에 불만이 없고 주변 환경에 적응해서 살고 있다면 사는 곳을 바꾸기는 어렵다. 사는 곳을 바꾸라고 해서 맹모삼천지교孟母三遷之敎의 맹모처럼 이사를 다니는 건 옳지 않다. 새로운 사람을 사귀기도 쉽지 않다. 새로운 사람을 만나서 마음을 터놓고 소통하려면 꽤 오랜 시간을 함께해야 한다. 사람을 만나서 친해지는 데 걸리는 시간은 사람마다 다르다. 나는 친해지는 데 시간이 오래 걸리는 편이다. 상대방을 잘 알지 못하면서 영향을 줄 수는 없다.

오마에 겐이치가 말한 인간을 바꾸는 세 가지 방법 가운데 첫 번째는 시간을 달리 쓰는 것이다. 이 방법은 제일 마지막에 설명하기로 하고 두 번째, 사는 곳을 바꾸는 것부터 살펴보겠다. 이것을 당장 실천하는 방법은 이사를 가는 게 아니다. 일하는 공간, 생활하는 공간을 정리하면 된다. 많은 사람이 '정리'를 흐트러진 것을 단정하게 바로잡는 것으로 이해한다. 책상과 책꽂이, 수납장, 서랍 등에 어질러진 물건을 흐트러짐 없이 꽂아두고 일정한 모양으로 쌓아놓는다. 보기 좋게 꽂아두고 쌓아놓는 것은 정리가 아니라 정돈이다.

정리·수납 전문가는 보관, 정돈, 정리를 확실히 구분하라고 조언한다. 지난 1년 동안 사용하지 않는 것은 앞으로 1년 동안 볼 일이 없다고 말한다. 버릴 것과 보관할 것을 구분하는 이유는 필요한 물품을 빨리 찾기 위해서다. 정리하려면 제일 먼저 필요한 것과 필요하지 않은 것을 나눈다. 필요한 것 가운데 덜 중요한 것, 매우 중요한 것, 자주 사용하는 것을 구분해서 보관한다.

사용하는 빈도에 따라 정리하지 않으면, 필요할 때마다 보관해둔 곳을 모두 확인해야 한다. 필요한 것을 한곳에 모아두기만 하는 것은 정돈이다. 필요한 것이 질서 정연하게 정돈되어 있는데 정작 사용하려면 한참 찾는 사람이 있다. 반면, 겉으로 보기에는 대충 쌓아둔 것처럼 보이는데 필요한 것을 바로 찾아내는 사람이 있다. 일과 생활하는 공간, 자주 사용하는 물건, 필요한 것들을 정리만 잘 해도 사는 곳을 바꾸는 효과를 볼 수 있다.

두 번째는 새로운 사람을 사귀는 것이다. 새로운 사람, 즉 낯선 사람과 만남에서는 새로운 것을 얻는다. 나는 새로운 사람을 만나는 것을 변화를 불러오는 자극으로 해석한다. 우리는 주변 사람으로부터 상당한 영향을 받는다.

미국의 사회학자 마크 그래노베터는 '약한 연결의 힘'을 주제로 쓴 논문에서 약한 연결, 즉 낯선 사람이 강하게 연결된 사람보다 더 큰 영향력을 발휘한다고 주장했다. 강하게 연결된 사람은 오래 알고 지낸 친구와 함께 생활한 가족이다. 약한 연결로 연결된 사람은 이름과 얼굴 정도만 알고 지내는 사람이다. 마크 그래노베터는 관계의 밀도가 낮을수록 정보의 밀도가 높아진다는 역설을 제시했다.

약한 연결 관계의 사람은 서로 다른 네트워크에 있어서 그들이 가진 정보는 같은 네트워크에서 강한 관계로 연결된 사람이 가진 정보와 다를 가능성이 높다. 그의 주장처럼 객관적인 관점에서 약한 연결, 즉 새로운 사람을 사귀는 것이 잘 알고 지내는 사람을 만나는 것보다 더 도움이 된다. 속마음을 터놓고 지내는 강한 연결 관계는 심리적으로 안정을 찾고 풍요로운 삶을 만드는 동력이 된다. 새로운 사람과 오래전부터 알고 지내는 사람을 모두 만나는 게 바람직하다.

인간을 바꾸는 세 가지 방법 가운데 첫 번째인 시간을 달리 쓰는 것은 공간을 정리하고 새로운 사람을 만나면 자연스럽게 해결된다. 우선, 공간을 정리하면 모든 일에 효율이 높아진다. 일이 잘되면 자신감이 생긴다. 낯선 사람을 만나도 부담이 없다. 마크 그래노베터가 말한 약한 연결 관계의 사람으로부터 정보와 지식, 좋은 영향력을 전달받는다. 공간 정리와 새로운 사람에게 받은 좋은 영향력 덕분에 하는 일은 더 잘 되고 새로운 사람을 더 많이 만나게 된다.

인간을 바꾸는 세 가지 방법을 따로 떼어놓고 생각할 게 아니라 지금까지 살아온 방식과 다른 방법을 찾아서 실천하라는 가르침으로 이해하면 된다.

내가 지금까지 살아온 방식에서 고쳐야 할 점, 더 나은 방식을 찾아서 실천한다.

시간을 사용하는 것이 삶이다. 앞만 보고 열심히 달려왔다면, 주변을 둘러보며 숨을 고르는 시간을 가져야 한다. 한동안 쉬면서 힘을 얻었다면 다시 열심히 달리면 된다.

늘 해오던 방법에서 다른 방법으로 바꾸기 어려운 이유는 두 가지다. 경험이 부족하다는 생각과 게으름 때문에 더 나은 방법을 알면서도 실천하지 못한다.

"바꾸겠어!"라는 결심은 아무런 도움이 되지 않는다. 오마에 겐이치가 제시한 인간을 바꾸는 방법 세 가지는 핵심처럼 보이지만 내 생각에는 핵심이 아닌 것 같다.

나는 그가 '새로운 결심을 하는 것'이 무의미하다는 것에 방점을 찍었다고 생각한다. 결심하기보다는 잘 되든 안 되든 일단 바꿔본다. 그리고 자기에게 맞지 않는다면, 수정해서 다시 시도한다. 그러면 자기에게 맞는 방법을 찾는다. 이것이 시간을 다르게 쓰는 방법이다.

## 현재를 의식해서 시간의 농도를 짙게 만든다

"카르페 디엠 Carpe diem"

이 말은 호라티우스가 쓴 시에서 유래했다. "현재를 잡아라 Seize the day"라는 의미다.

1990년에 개봉한 영화 〈죽은 시인의 사회〉를 통해서 널리 알려졌다. 영화 〈메멘토〉에도 나왔고, 최근에 드라마 〈더 글로리〉에 나와서 다시 회자되었다.

호라티우스는 하루하루를 마지막 날이라고 생각하고 기대하지 않았던 내일이 온 것을 기쁨으로써 맞이하라고 했다.

오늘을 즐기고 현재를 의식하라고 주장한 호라티우스는 에피쿠로스학파의 영향을 받았다. 에피쿠로스학파 철학에서 인생의 목표는 쾌락이다. 에피쿠로스 학파가 말하는 쾌락은 평정심, 즉 정신적 쾌락이다. 현재 즐거움과 평정심을 느끼는 것은 매우 이성적이고 합리적인 결정이다.

현실에서 '현재의 즐거움'을 의식하기란 쉽지 않다. 심리학의 아버지로 불리는 윌리엄 제임스는 《심리학의 원리》에 '현재'의 의미를 다음과 같이 썼다.

"현재는 어디에 있을까? 현재는 손안에서 녹아 우리가 만질 수 있기 전에 빠져나가고, 무엇인가가 될 순간에 사라진다."

윌리엄 제임스가 살았던 1800년대는 '현재', 즉 지금 이 순간에 관한 연구가 활발했다. 현재의 개념에서 가장 주안점을 둔 것은 기억이다. 현재를 의식하고 기억에 남기는 과정을 실험으로 밝혀냈는데, 여기서 찾아낸 것이 작업 기억이다.

작업 기억$^{\text{Working memory}}$은 최대 12초 동안 남는다. 짧은 시간만 기억된다고 해서 단기기억$^{\text{Short-term memory}}$이라고 한다. 모든 사람은 현재 보고 듣고 느낀 정보와 장기기억에 저장된 정보를 머릿속의 '작업대'에 꺼내놓고 아주 잠깐 사용한다. 작업대가 바로 작업 기억$^{\text{단기기억}}$이다. 우리 머릿속의 작업대는 크기가 작아서 한 번에 기억하는 용량은 작업대 크기 만큼이다.

작업 기억의 크기가 작아서 지금 이 순간을 온전히 의식하기 어렵다. 몸으로 느끼는 감각은 1초가 안 되는 간격으로 떨어져 있는 두 사건을 구분하지 못한다. 현재 어떤 것을 느껴서 인간의 뇌에 전달된 감각은 1초도 안 되는 시간에 사라진다. 그 느낌을 의식해서 유지하는 최대 시간은 12초 정도다.

나는 책을 읽다가 스마트폰 메시지 알람이 울려서 아주 잠깐 스마트폰 화면을 봤다가 중요한 메시지가 아니어서 다시 책으로 시선을 돌리면 어디까지 읽었는지 기억이 나지 않는 경험을 종종 한다. 읽던 문장을 기억하지 못해서 읽었던 내용을 다시 읽는다. 그렇게 한참 지나서 이어서 읽을 부분을 찾는다.

사람들에게 이런 경험을 얘기하면 집중력이 부족해서라고 말한다. 하지만 원인은 작업 기억에 있다. 현재를 온전히 느끼는 시간은 짧게는 1초에서 길게는 12초 정도다. 스트레스를 받으면 작업 기억의 지속 시간은 더 짧아진다.

공부나 일을 하는 동안 집중이 안 되고 몰입할 수 없는 이유도 현재, '지금 이 순간'을 온전히 느끼지 못해서 그렇다.

1800년대 윌리엄 제임스가 연구한 이후 감각과 작업 기억에 관한 연구는 현재까지 계속되고 있다. 기억력에 관한 연구로 주목받는 것은 영국 요크대학의 수잔 개더콜 박사가 기억력에 공부에 어떤 영향을 주는 알아보는 실험이다. 수잔 개더콜 박사는 공부를 잘하는 아이들의 기억력과 작업 기억에 집중했다. 영어 성적이 평균인 아이들의 작업 기억을 100으로 했을 때, 성적이 평균 이상인 아이들의 작업 기억은 109로 나타났다. 수학 성적도 비슷했다. 수학 성적이 평균 이상인 아이들이 평균보다 10 이상 높았다. 수잔 개더콜 박사는 성적이 높은 아이일수록 작업 기억이 높다는 사실을 발견했다.

현재를 온전히 느끼는 것, 즉 작업 기억의 지속 시간은 집중력과 연결된다. 현재를 의식하면 집중력과 성과가 향상된다는 사실을 구글, 애플, 페이스북 등의 글로벌 기업에서는 이미 알고 있다. 글로벌 기업은 직원을 대상으로 명상 프로그램을 시행한다. 명상은 현재의 모습, 지금 이 순간을 느끼는 방법으로 효과가 입증되었다.

사람들은 지나간 일을 생각하며 후회하고 앞으로 다가올, 알지도 못하는 미래를 걱정한다. 모든 근심과 걱정은 이미 지나간 과거와 아직 오지 않은 미래에 대한 생각에서 비롯된다. 이런 생각으로 작은 크기의 작업대(작업 기억)이 가득 찬다.

과거와 미래에 대한 생각, 바꿀 수 없는 것들을 고민하느라 현재를 온전히 느끼지 못한다. 명상은 현재에 집중하게 해주어 과거의 후회나 아직 일어나지 않은 일에 대한 걱정을 줄여준다. 명상으로 현재를 느끼면, 긴장이 풀리고 걱정이 줄어든다. 마음이 차분해진다. 명상으로 과거의 후회와 미래의 걱정에서 벗어나면 현재에 집중할 수 있다.

지금 이 순간을 오랫동안 의식하는 건 현실적으로 불가능하다. 기억에 저장되는 시간도 최대 12초 정도라서 윌리엄 제임스는 "순식간에 지나가고 손안에서 녹아서 느끼기 어렵다"라고 표현했다. 현재를 느끼려는 순간 손안에서 사라진다. 이런 이유로 현재를 느끼려는 사람들은 마음 챙김 명상을 한다.

자신의 현재 모습과 행동을 낱낱이 기록한 사람이 있다. 미국인 로버트 쉴드는 1972년부터 1997년까지 25년 동안 자기 생활을 5분 간격으로 기록했다. 기록한 분량은 약 3천7백만 단어이며 책으로 내면 400여 권 분량이라고 한다. 이것이 우리가 일상생활을 기록하는 '라이프로그'의 효시다.

로버트 쉴드처럼 5분 단위로 자신의 현재 모습, 행동을 기록할 수는 없어도 현재에 집중하고 지금 이 순간을 오롯이 느끼는 행동을 실천해야 한다. 그러면 시간의 농도를 더 짙게 만들 수 있다.

CHAPTER
03

# 생산성을 높인다

## 우선순위는 계속 바뀐다

우선순위와 할 일 목록은 한 쌍을 이룬다. 할 일 목록에 쓴 여러 가지 일 가운데 가장 중요한 일에 '1', 다음으로 중요한 일에 '2', 이렇게 순서를 정한다. 우선순위대로 할 일 목록을 다시 쓴다. 우선순위에 따라서 다시 쓴 할 일 목록은 중요한 일을 제시간에 끝낼 수 있게 도와준다. 그렇다고 할 일 목록과 우선순위가 중요한 일을 끝내는 비책은 아니다.

조직심리 전문가 닉 테슬러는 목표를 달성하려면 행동 계획을 세우면서 비행동 계획<sup>None-Action Plan</sup>도 세우라고 했다. 행동 계획이 할 일 목록$^{To\,do\,list}$이라면 비행동 계획은 하지 말아야 할 일 목록$^{Not\,to\,do\,list}$다.

할 일 목록과 하지 말아야 할 일 목록을 쓰기를 쉽다고 생각해서는 안 된다. 두 개의 목록을 제대로 쓰려면 세 단계를 거쳐야 한다.

첫 번째는 할 일 목록을 쓰기 위해서 머릿속에 떠오르는 것을 모두 적는다. 목표와 계획, 되고 싶은 것 등을 생각나는 대로 적는다. 가능하면 많이 쓴다. 하고 싶은 것, 되고 싶은 것, 바람, 꿈, 비현실적인 것이라도 좋다. 생각나는 것을 모두 종이에 쓴다. 50개, 100개도 상관없다. 실현 가능성을 생각하지 말고 하고 싶은 것, 되고 싶은 것, 막연히 바라는 것을 전부 다 쓴다. 그리고 종이에 적은 내용을 읽는다.

"이런 걸 왜 적었을까?"

이런 의문이 드는 내용이 분명히 있다. 여기에 적은 것 가운데 다수는 평소에는 생각하지 않았던 내용이다. 쓸데없는 생각이라고 치부했던 것도 있다. 이런 생각들은 잠재의식에 자리를 차지하고 있으면서 우리에게 "언젠가는 그 일을 해야 하는데"라는 고민을 하게 만든다.

평소에 '언젠가는 해야지'라고 생각했던 일들이 어느 순간

갑자기 급한 일처럼 느껴져서 우선순위 1번이 될 때가 있다. 그러면 한동안 그 일을 하다가 각성하고 정말 중요한 일로 되돌아온 적이 있을 것이다.

하고 싶은 것, 되고 싶은 것, 바라는 것을 망라하여 할 일 목록을 적으면 갑자기 급한 일처럼 느껴져서 우선순위가 뒤바뀌는 일을 막을 수 있다. 머릿속 한구석에 있었던 할 일을 종이에 적어서 확인하면 정말 중요한 일은 더 확실해진다.

두 번째는 할 일 목록에서 중요하지 않은 일, 의미가 없는 일, 나중에 해도 되는 일 등을 두 줄을 그어서 지운다. 두 줄을 그어서 지운 목록은 다른 종이에 옮겨 적는다. 하지 말아야 할 일 목록은 아니지만, 정말 '중요한 할 일'과 덜 중요한 일을 분리하는 데 효과가 있다.

이때 급하지 않지만 서둘러야 하는 일을 잘 구분한다. 건강과 관련된 일, 예를 들면 치과 치료, 정기 검진, 운동 등은 지금은 급한 일이 아닌 것 같아도 시간이 지나면 가장 급한 일이 된다. 할 일 목록을 적은 다음 중요하지 않은 일, 하나 마나 한 일을 가려내면 머릿속이 정리된다. 반드시 해야 할 일이 분명해져서 잡념이 사라진다. 마음이 가볍다.

세 번째는 앞에서 정리한 할 일 목록에서 정말 중요한 일을 선별해서 순서를 정한다. 중요한 일과 덜 중요한 일, 나중에 할 일 등으로 구분한 후에 스티븐 코비의 우선순위 매트릭스에 따라 긴급하고 중요한 일을 구분한다. 긴급한 일과 중요한 일에는 마감일을 표시한다.

여기서 설명하는 '할 일 목록'은 매일 아침에 쓰는 할 일 목록이 아니라 1년 또는 수년 사이에 완료하거나 꾸준히 해야 하는 일이다. 장기 계획도 있고 수년 사이에 해야 하는 일도 있다. 나는 이 목록을 전반적인 할 일 목록이라고 부른다. 이렇게 할 일을 총망라해서 써두면 하루, 일주일, 한 달 동안 할 일이 하나의 선으로 연결된다. 당장 할 일은 몇 달 뒤에 할 일과 연결되고, 몇 달 뒤에 할 일은 궁극적으로 해야 할 일의 징검다리 역할을 한다. 이렇게 정리한 할 일 목록은 대부분 인생에서 이루고 싶은 목표를 향한다.

여러 가지 방법을 동원해서 할 일 목록을 만들어도 시간을 효율적으로 사용한다는 보장은 없다. 《80/20 법칙》을 쓴 리처드 코치는 시간 관리가 실패하는 데는 두 가지 이유가 있다고 했다.

첫째, 모든 유형의 시간 관리가 실패하는 이유는 자신이 시간을 잘 관리한다고 믿기 때문이고 둘째, 할 일은 많고 시간은 늘 부족해서 항상 시간에 쫓긴다고 생각하기 때문이다.

시간 관리를 잘하는 것과 시간에 쫓기지 않으면서 일하는 비결은 일의 우선순위에 있다. 많은 사람이 우선순위가 높다고 생각한 일들이 실제로는 우선순위가 낮은 경우가 많다. 할 일 목록은 잘 만들었는데, 우선순위를 정하는 과정에서 잘못된 것이다. 만약 우선순위를 잘못 정했다면 하지 않아도 되는 일에 지나친 노력과 시간을 들이는 꼴이 된다.

꼭 해야 하는 일과 하지 않아도 되는 일, 중요한 일과 급한 일을 제대로 구분하지 않으면 스티븐 코비의 우선순위 매트릭스, 할 일 목록, 하지 말아야 할 일 목록 등은 무용지물이 된다.

우선순위 매트릭스를 이용해서 중요도와 긴급성으로 할 일을 구분할 때 우열을 가리기 어려운 일들이 있다. 오늘 할 일 목록에 적어 놓은 일은 대부분 중요하고 긴급한 일이다. 지난달에 정리한 우선순위 상위의 일들은 이미 끝났어야 하는데 그 일을 여전히 계속하고 있다. 오늘 할 일 목록에 적은 일을 내일 할 일 목록에 또다시 적는다. 며칠 전에 중요하지만 급하지 않은 일로 분류한 일이 오늘은 중요하고 급한 일이 된다. 우선순위 매트릭스 2,3,4분면의 일을 미루면 얼마 후에 모든 일이 중요하고 급한 일이 된다.

할 일 목록에서 우선순위를 정하는 것이 그래서 중요하다. 우선순위를 정해도 상황이 수시로 바뀐다. 그렇다고 우선순위를 정하지 않을 수는 없다. 시간 관리 전문가 마크 포스터는 할 일을 세 가지 등급으로 분류했다. A 꼭 해야 하는 일, B 해야 하는 일, C 하면 좋은 일, 이렇게 등급을 나누고 A등급의 일에 집중하라고 권한다. 이 방법을 사용해도 우선순위 매트릭스처럼 된다.

항상 시간에 쫓기며 일하는 사람들의 진짜 문제는 우선순위를 잘못 정해서가 아니다. 할 일을 미루고, 계획만 세우고, 실제로 하지 않는 것이 문제다.

할 일 목록과 우선순위는 여러 가지 일 가운데 정말 중요한 일을 가려내는 방법이다. 중요도와 긴급성에 따라 우선순위를 정하는 것만큼 그 일을 실제로 하는 게 중요하다. 실제로 중요한 일에 노력과 시간을 할애해야 한다. 그런데 할 일 목록을 쓰고 우선순위를 정하면 왠지 그 일을 시작했다는 기분이 든다.

"시작이 반이다"라는 말처럼 일을 절반 정도 끝낸 것처럼 홀가분하다. 이것이 할 일 목록과 우선순위의 맹점이다. 급하고 중요한 일을 끝내려면 우선순위의 일을 효율적으로 하기 위한 계획을 세워야 한다. 가장 많은 시간을 그 일에 집중하여 끝내는 데 쓴다. 할 일 목록에서 가장 중요한 일 하나만 끝내도 덜 중요한 일과 중요하지 않은 일을 하느라 시간을 보내는 것보다 낫다. 할 일 목록과 우선순위의 맹점을 해결하는 방법은 최우선 순위로 정한 일을 당장 시작해서 끝내는 것이다. 예외는 없다.

## 집중하고 몰입하고 집중하고 몰입하기

 나는 성격 유형 검사 결과가 INTJ다. '용의주도한 전략가' 유형으로 계획을 세워서 실행에 옮기는 것을 선호한다. 나는 원칙주의자다. 이런 종류의 심리 검사를 믿는 편은 아니지만, 성격 유형 검사 결과처럼 나는 대부분의 일을 계획을 세우고 시작한다.

 몇 주 혹은 몇 달 뒤에 시작할 일에 관한 계획을 세우기 전부터 그 일에 관해서 틈틈이 구상한다. 순서를 정리하고 일하는 과정을 머릿속에 그리면서 궁금한 것을 인터넷에서 검색한다. 대강의 개요가 머리에 그려놓고 책을 읽는다. 이렇게 하면 미리 생각해둔 게 있어서 계획의 큰 줄기는 금세 나온다.

큰 줄기가 나오면 세부 계획과 예상되는 문제에 대응하는 방법 등을 고민한다. 가능하면 급하게 처리할 일을 만들지 않으려고 한다. 급하게 처리할 일은 몰입과 집중을 방해한다. 일을 하다가 문제가 생기면 완성도를 높이기 위해 집중하기보다 끝내는 데 급급하게 된다.

일, 공부, 무엇이든지 적은 노력으로 좋은 결과를 얻으려면 목표와 계획이 분명해야 한다. 명확한 목표, 철저한 계획은 어떤 일이든지 집중해서 실행할 수 있게 도와준다. 돌발 상황이 줄어들고 여유가 생긴다. 일이 계획대로 진행되면 심리적으로 안정된 상태에서 집중력을 유지할 수 있다.

목표, 계획, 실행, 심리적 안정, 네 가지는 몰입할 수 있게 도와주는 핵심 요소다. 어디서부터 어떻게 해야 할지 막막한 이유는 목표와 계획이 없어서다. 일하다가 예상하지 못한 문제가 생기면 온 신경이 문제로 간다. 마음에는 여유가 없어진다. 일을 시작한 지 얼마 지나지 않았으면 포기하고 미뤄두었다가 나중에 다시 하는 쪽으로 기울기도 한다. 반드시 끝내야 하는 일은 문제를 해결하기 위해 오랜 시간을 쓴다.

이런 방식으로는 만족할 만한 성과를 내기 어렵다.

시간을 효율적으로, 효과적으로 사용하려면 집중해야 한다. 몰입과 집중은 시간의 농도를 진하게 만든다. 목표를 이루기 위해서 매일 할 일 목록을 정리하고 우선순위를 매긴다. 계획도 빈틈없이 세웠다. 계획한 일을 시작한다. 예상했던 문제가 생기면 여유 있게 해결한다. 하지만 모든 상황에서 몰입할 수 있는 건 아니다. 옆자리에 앉은 사람은 큰 목소리로 통화하고 전화벨과 메신저 알림은 수시로 울린다. 흐름을 끊는 일, 몰입을 방해하는 요인은 여러 가지 모습으로 수시로, 불쑥 나타나서 괴롭힌다.

목표, 계획, 실행, 심리적 안정, 네 가지가 몰입을 위해서 필요한 것이라면, 몰입을 위해서 제거해야 할 것도 있다. 집중을 방해하는 요인, 즉 시간 도둑을 물리쳐야 한다. 특히, 시간을 더 효율적으로 쓸 수 있게 도와준다고 믿는 스마트폰은 가장 제거하기 힘든 시간 도둑이다.

스마트폰은 화면과 소리, 진동으로 끊임없이 알람을 울린다. 스마트폰 알람을 무시하기는 어렵다. 애플 자료에 따르면, 사람들은 하루에 약 80번 정도 아이폰을 잠금 해제한다. 디스카우트Dscout.com의 2016년 조사에서는 사람들이 하루 평균 2,617

번 스마트폰 화면을 터치하는 것으로 나타났다.

잠자는 시간을 빼면, 평균 12분에 한 번꼴로 잠금 해제를 하고 1분에 2~3회 화면을 터치하는 것이다. 횟수만 보면 잠자는 시간을 빼고 손에 스마트폰이 붙어 있는 것이다. 사회 활동 전반에서 거의 모든 기능이 모바일 환경으로 바뀌면서 잠금 해제와 화면을 터치하는 횟수는 더 늘어났다. 이런 상황에서 의지력만으로 몰입하는 건 불가능하다. 하지만 노력은 해야 한다.

집중해서 일하는 시간을 주변에 알리고 그 시간에는 전화와 회의, 미팅 등 약속을 잡지 않는 것이 방해 요인을 제거하는 첫 번째 단계다. '집중 근무 시간'을 제도로 만든 기업도 이런 이유에서다. 스마트폰은 비행기 모드로 전환한다. 집중력을 유지하려면 스마트폰을 가방에 넣어두라고 권한다. 하지만 스마트폰이 시야에 없으면 오히려 집중이 안 된다고 하소연하는 사람이 많다. SNS 알림을 차단하기 위해 로그아웃하는 것도 좋다.

구글의 수석 디자이너 제이크 냅은 《스프린트》에서 집중하는 비법을 소개했다. 그의 비법은 스마트폰 첫 화면을 비우는 것이다. 스마트폰 첫 화면은 사용성을 높이기 위해 고안됐다. 사람들은 얼굴 또는 지문을 인식해서 잠금 해제하고 나타나는 첫 화면에는 자주 사용하는 앱을 배치한다. 자주 사용하는 앱을 즉시 실행할 수 있게 설정한다. 거의 모두 이렇게 설정한다.

구글 수석 디자이너 제이크 냅은 첫 화면을 비웠다. 과감한 시도다. 자주 사용하는 앱은 홈 화면의 두 번째 화면에 배치했다. 일 또는 공부를 하다가 습관적으로 스마트폰을 잠금 해제해서 들어갔는데 아무것도 없는 것을 보고 각성한다. 스마트폰 첫 화면을 비워서 각성하는 계기를 만든 것이다. 영리한 방법이다. 아무것도 없는 첫 화면은 집중을 방해하는 요인으로 진입하기 전에 일시 정지하는 과속방지턱 기능을 한다. 몰입하다가 나도 모르게 스마트폰 잠금을 해제하고 첫 화면이 비어 있으면, "몰입 상태에서 나가시겠습니까?"라고 스스로에게 묻는다. 이 방법은 스마트폰이 몰입을 방해하는 기능을 차단하는 효과가 있다.

방해 요인을 제거해야 하는 이유는 톱날 효과 때문이다. 몰입을 방해하는 요인을 제거하지 않으면, 집중해서 한두 시간이면 끝날 일을 종일 또는 며칠 동안 붙들고 있게 된다.

스마트폰뿐만 아니라 우리 주변에서는 끊임없이 방해 요인이 출몰한다. 아주 사소한 방해 요인이라도 방해하는 횟수가 잦으면 집중력과 효율을 떨어트린다. 집중하다가 방해를 받으면 일에서 떨어져 나오고 다시 집중하려면 상당한 시간과 노력이 필요하다. 집중력이 상승하는 시간을 나타낸 그래프를 보면 쉽게 이해할 수 있다.

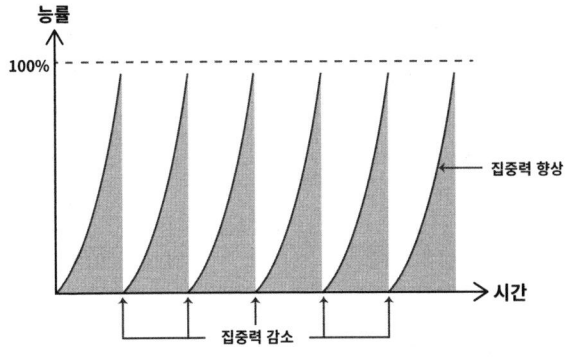

집중력과 시간 그래프: 톱날 효과

몰입의 복리 효과를 적용한 집중력과 시간 그래프에서 회색으로 표시한 부분의 합이 일을 한 시간이다.

방해 요인으로 인해서 집중력이 흐트러져서 일에서 떨어져 나오는 상황이 반복되면 그래프는 톱날 모양이 된다. 그래서 '톱날 효과'라고 한다.

톱날 효과 그래프에서 회색으로 표시한 부분의 면적을 모두 더하면 집중력을 발휘했을 때와 방해 요인을 차단하지 않았을 때, 일을 한 시간에서 큰 차이가 있다는 것을 알 수 있다.

생산성을 높인다

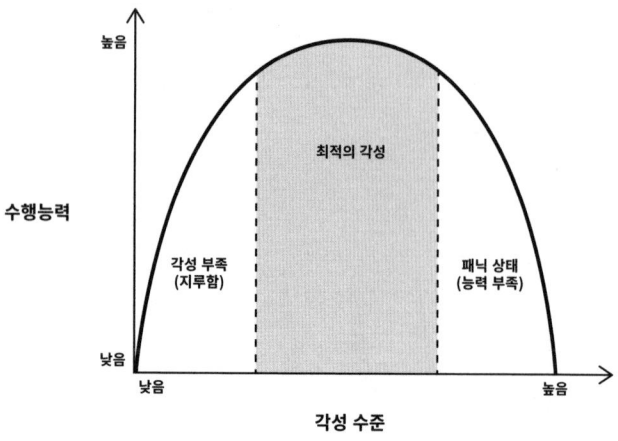

집중력과 시간 그래프: 몰입의 복리 효과

몰입의 복리 효과를 나타내는 그래프를 보면, 시간이 지나면서 집중력이 계속 향상된다. 복리 효과 덕분에 회색으로 칠한 부분은 계속 증가한다.

두 개의 그래프를 보면, 몰입해서 한두 시간에 처리할 일이 방해 요인을 제거하지 않고 온종일 걸리는 이유를 알 수 있다.

몰입과 집중은 생산성을 높이고 시간의 농도를 진하게 만든다. 모두가 이런 사실을 알고 있다. 이제부터 몰입의 복리 효과를 믿고 방해 요인을 차단하고 오롯이 집중해서 지금 하는 일을 완성도 높게 끝내면 된다. 그리고 다음 일을 시작한다.

## 효율이 가장 높은 시간, 프라임타임

시간을 효율적으로 쓰려고 노력하는 사람, 시간의 농도를 진하게 만들려고 이 책을 보는 여러분은 목표, 계획, 할 일 목록, 우선순위, 집중과 몰입에 관심이 많다. 시간 관리 전문가는 목표, 계획, 할 일 목록, 우선순위, 집중과 몰입의 결과에 생산성을 적용한다. 언제 어디서나 활용 가능한 고효율의 방법론을 만들고 적용하는 방법을 알려준다. 시간 관리 전문가가 한목소리로 강조하는 것이 프라임타임$^{Prime\ Time}$이다. 최고의 생산성을 발휘하는 시간이다.

기업에서 프라임타임을 적용해서 '집중근무시간'을 만들었다. 기업마다 명칭은 다르다. 핵심 근무시간 또는 집중 근로시간 등으로 부른다. 어떤 이름으로 부르든지 바람직한 제도다. 부서마다 하는 일이 다르다. 집중하는 시간도 다르다. 업무와 일과에 따라서 집중하는 시간을 정해놓는다. 그 시간에는 회의, 전화 통화, 일상적인 보고 등 집중력을 떨어트리는 요인을 제거한다. 집중근무일을 정해서 일주일에 하루 또는 이틀, 날짜 또는 요일을 정해서 몰입하는 기업도 있다.

나는 집중근무시간을 정하고 그 시간에는 자료조사, 기획안 정리, 그리고 주로 원고를 쓴다. 집중해서 처리해야 하는 일은 대부분 집중근무시간에 끝내려고 한다. 일주일에 하루는 외근하는 날로 정해서 가능하면 이날 두세 건의 미팅과 외부 업무를 처리하고 현장에서 퇴근한다. 외근하는 날을 정해서 바깥에서 해야 하는 일을 몰아서 처리한다. 이런 방식으로 나는 외부에서 해야 하는 일에 시간과 에너지를 몰아서 쓴다.

집중하는 시간과 요일을 정해두고 일하는 것은 분명히 효과가 있다. 생물학적으로 모든 사람은 집중이 잘 되는 시간이 정해져 있다. 사람의 에너지는 하루에 여러 번 상승과 하락을 반복한다. 아침형 인간은 아침에 에너지가 상승하고 올빼미형 인간은 밤에 다량의 에너지가 나온다. 에너지가 상승하는 시간은 사람마다 다르다.

커피를 마시거나 샤워를 하거나 산책한 후에 머리가 맑아져서 집중이 잘 되는 사람도 있다. 커피, 샤워, 산책은 우리 몸을 자극해서 머리를 맑게 해준다. 자극과 상관없이 에너지 수위가 높아지는 시간이 있다. 그 시간에 집중하면 실수가 줄어들고 생산성이 높아진다. 에너지가 최고조에 이르는 시간을 '프라임타임', '생물학적 황금시간'Biological Prime Time 등으로 부른다. 나는 생물학적 황금시간이 집중이 잘 되는 시간을 제대로 표현한 단어라고 생각한다. 이 말은 《시스템의 힘》에서 샘 카펜터가 사용했다. 생물학적 황금시간을 이용하면 최고의 에너지와 집중력을 발휘하는 시간대에 중요한 일을 처리할 수 있다. 에너지가 높은 시간에 집중력이 필요한 일을 하고 에너지가 떨어지는 시간에는 덜 중요한 일을 한다. 일과를 계획하거나 앞으로 할 일에 관한 준비는 프라임타임 외의 시간에 한다. 덜 중요한 일을 몰아서 처리하는 것도 프라임타임 외의 시간에 한다. 사무적인 이메일 또는 전화 회신, 서류와 책상 정리, 청소 등 머리를 덜 써도 되는 일을 집중력이 떨어지는 시간에 한다.

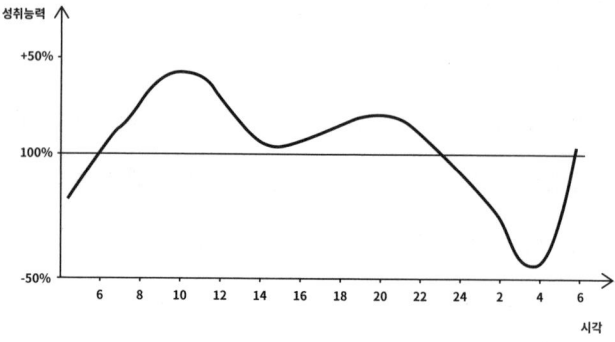

시간에 따른 성취능력의 변화

생물학적 황금시간은 사람마다 다르다. 그 시간을 알아야 생물학적 황금시간을 제대로 이용할 수 있다. 아침형 인간인지, 올빼미형 인간인지는 잠을 자고 깨는 시간으로 알 수 있다. 하지만 에너지가 상승하는 시간을 알아내려면, 일정 기간<sup>최소 2주일</sup> 자신의 행동을 관찰해야 한다. 집중하는 시간과 딴생각하는 시간, 꾸물대는 시간 등을 시간별로 확인하고 집중이 잘 되는 시간부터 꾸물대는 시간을 10단계로 나눠서 10점에서 1점까지 점수를 매긴다.

적어도 2주일 동안 시간별로 집중하는 정도를 확인한다. 생물학적 황금시간을 확인하는 기간에는 머리를 맑게 하는 자극제인 커피, 샤워, 산책을 하루에 한두 번만 한다. 배가 고프지 않을 정도로 조금씩 자주 먹고 술은 마시지 않는다. 알람을 사용하지 않고 자연적으로 잠에서 깨고 졸릴 때 잠을 잔다.

이런 방법으로 집중이 잘 되는 시간과 요일을 알아낸다. 생물학적 황금시간을 확인했는데, 집중력이 높아지는 시간이 근무시간과 다르다면 어떻게 해야 할까?

오전 9시부터 오후 6시까지 근무시간인데, 오전 7시부터 10시까지 집중이 잘 되거나 퇴근 시간 후인 저녁 6시부터 9시까지 집중이 잘 되는 사람은 출근을 일찍 해서 일찍 퇴근하거나 늦게 출근해서 퇴근도 늦게 하도록 회사의 관리자와 근무시간을 조정하는 게 바람직하다. 업무 체계나 타 부서와 협업으로 근무시간 조정이 어렵다면, 일주일에 하루, 이틀 만이라도 집중이 잘 되는 시간에 일할 수 있게 조정한다. 집중이 잘 되는 시간에 중요한 업무를 처리하면 며칠 동안 해야 하는 일을 몇 시간 안에 끝낼 수도 있다.

독일에는 근로시간계좌제가 있다. 예금계좌처럼 근로시간을 적립했다가 필요할 때 사용하는 제도다. 업무량이 많아서 초과근무를 하면 초과한 근무시간을 저축해둔다. 비교적 한가한 시기에 휴가를 내서 적립한 시간을 소진한다. 우리나라 일부 기업은 근로시간계좌제와 유사한 탄력근무제를 만들어서 시행한다.

집중력이 향상되는 시간을 집중근무시간, 즉 프라임타임에 맞춰야 일 효율이 향상된다. 단, 일 효율을 높이는 목적을 '더 많은 일을 하기 위해서'로 정하면 안 된다.

집중력이 향상되는 시간에 몰입해서 일하는 시간을 줄이는 것이 목표여야 한다. 일하는 시간이 줄어들면 여가 시간이 늘어난다. 충분한 휴식이 다음날에도 집중력을 유지하게 해주고 일 효율을 높인다.

인텔의 전 회장 앤드류 그로브는 일을 마쳤을 때가 아니라 피곤할 때 일과를 끝낸다고 했다. 항상 할 일이 있고 계속해서 할 일이 생기기 때문이다. 할 일은 줄어들지 않는다. 마감기한이 임박해서 밤늦게까지 일하는 건 어쩔 수 없지만, 평상시에도 늦게까지 일한다면 일하는 방법이 잘못됐거나 일머리가 없는 것이다. 효율적으로, 효과적으로 일하는 사람은 이른 아침부터 밤늦게까지 피곤한 상태로 일하지 않는다. 이런 방식으로는 결과의 양과 질을 향상하기 어렵다.

프라임타임을 제대로 활용하는 방법은 단순하다. 잠을 충분히 자고 제때 식사하고 꾸준히 운동한다. 정신을 맑게 해주는 산책과 휴식, 가벼운 운동을 해야 최상의 집중력을 오래 유지할 수 있다. 시간이 부족하다는 이유로 잠을 줄이고 식사를 거르고 운동하지 않으면 에너지와 집중력은 급격히 떨어진다.

최고의 자리에 오른 사람은 집중력이 높아지는 시간, 에너지가 나오는 시간에 일한다. 아무리 바빠도 잠을 충분히 자고 제때 식사하고 운동을 거르지 않는다. 이것이 최고의 성과를 내는 비결이고, 최고의 자리에 오르는 비결이다.

## 분명히 효과가 있는 전략

나는 일, 공부를 포함해서 일상의 모든 활동에서 적은 노력으로 많은 성취를 얻는 방법을 고민한다. 요령을 부리려는 게 아니다. 정석대로 하되 행동하기 전에 여러 번 생각해서 실수를 줄이려고 한다.

"훌륭한 목수는 나무를 열 번 재고 한 번에 자른다"라는 금언처럼, 계획하고 실행하는 방법을 다양한 시각에서 생각하고 시뮬레이션한다. 그런 다음 실천한다.

여러 번 해봤거나 익숙한 일은 바로 실행해도 무방하다. 처음 하는 일이나 익숙하지 않은 일은 여러 번 그리고 깊게 생각하고 시작해야 효율을 높이고 효과를 얻는다. 계획을 세우고 많이 생각하는 이유는 효율을 높이기 위해서다.

거의 모든 분야에서 효율$^{Efficiency}$과 효과$^{Effectiveness}$라는 말을 자주 사용한다. 장인 정신이 필요한 일, 효율보다 정성을 우선시하는 분야를 제외하고 많은 사람이 효율과 효과, 전략을 생각한다.

집중이 잘 되는 시간을 의미하는 생물학적 황금시간을 파악해서 프라임타임$^{집중근무시간}$을 이용하는 것도 효율과 효과를 높이기 위해서다. 여기서 효율과 효과의 개념을 제대로 이해해야 한다.

적은 노력으로 큰 성취를 이루는 것은 가능하다. 적당히 하는 게 아니라 적정한 노력으로 상당한 수준의 목표를 이루는 것을 '효율이 높다'라고 한다. 내가 네이버 프리미엄 콘텐츠에 쓴 글 가운데 조회수가 높고 '좋아요'도 많은 글이 있다. 제목이 '최고의 능률을 발휘하는 최소한의 수면시간'이다. 이 글은 일일 조회수가 꽤 오랜 기간 상위권이었다. 많은 사람이 이 글을 찾아서 보는 이유는 생활에 지장이 없을 정도로 잠을 줄여서 일하는 시간을 확보하기 위해서다.

노력과 성과, 목표 달성 등을 이야기할 때 항상 효율, 효과, 전략이 나온다.

효율$^{Efficiency}$과 효과$^{Effectiveness}$는 한글과 영문 모두 비슷하고 관련이 있는 단어지만 의미는 다르다. 효과는 목표 달성 여부에 따라 효과가 '있다' 또는 '없다'라고 말한다.

효율은 투입한 자원과 결과에 초점을 맞춘다. 효율을 다른 말로 능률이라고 한다. 효율은 목표를 달성하기 위해 사용한 '자원의 양'에 따라 달라진다. 자원은 목표를 달성하기 위해서 사용한 모든 것을 말한다. 시간, 노력, 인력, 비용, 재료$^{물질}$ 등이 자원이다. 시간을 적게 들이고 많은 결과를 얻거나 노력을 적게 하고 좋은 성과를 내면 효율이 높다고 말한다.

반대로 시간, 노력, 인력, 재료, 비용 등의 자원을 대량으로 오랜 기간 투입하고도 양적, 질적으로 기대에 못 미치는 성과를 얻었다면 '효율이 낮다', '비효율적이다'라고 한다.

효과는 목표 달성에만 초점을 맞춘다. 효과는 자원을 얼마나 투입했든지 상관없다. 목표 달성 여부로만 판단한다. 시간, 노력, 인력, 비용 등을 엄청나게 투입해도 상관없다. 목표를 달성했다면 '효과가 있다'라고 말한다. 막대한 자원을 투입해서 얻은 결과가 보잘것없어도 목표를 이루었다면 효과가 있는 것이다. 다시 말해서, 효율이 매우 낮아도 효과는 있을 수 있다.

우리가 자주 사용하는 '전략'의 의미도 정확히 이해해야 한다. 전략은 중요한 목표(결과)를 달성하기 위해 덜 중요한 목표를 버리는 것이다. '선택과 집중'이 바로 전략이다. 효율을 높이고 효과가 있게 만들려면 자원을 전략적으로 투입해야 한다. 적은 노력으로 많은 것을 얻으려면 중요한 목표를 선택해서 한 가지 목표에 집중하고 덜 중요한 것은 버리거나 미룬다.

계획과 목표는 효율과 관련이 있다. 계획대로 되지 않으면 시간과 노력을 더 들여야 하고 그로 인해서 효율은 낮아진다. 효과의 관점에서 생각해도 목표와 계획은 중요하다. 목표를 이루는 것이 효과다. 효과를 얻기 위해 효율을 높이는 방법이 계획이다. 자원을 적게 투입해서 원하는 목표를 이루는 것이 훌륭한 계획이다. 효율만 높고 효과와 거리가 멀다면, 그런 계획은 잘못된 것이다.

일머리가 있고 요령도 있고 열심히 일하는데 성과가 없는 이유는 효율에만 집중하기 때문이다. 효과와 관련이 없는 일은 아무리 효율적으로 해도 목표를 달성하는 데 도움이 되지 않는다. 많은 시간과 노력을 들여도 목표에 다가갈 수 없다면, 노력과 시간을 들인 그 일은 전략적으로 중요한 일이 아니다.

효율만 신경 쓰는 사람은 '목표와 얼마나 관련이 있는지'보다 '투입하는 자원을 줄이는 것'에 초점을 맞춘다.

효율은 '어떻게'[방법]이고 효과는 '무엇'[목표]이다. 목표가 확실하면 어떻게 하느냐가 중요하다. 하지만 목표가 분명하지 않은 상태에서 효율이 높은 방법만 고민한다면 단언컨대, 효과는 없다.

효율을 높이는 데만 신경 쓰는 사람이 가장 많이 실수하는 것이 멀티태스킹이다. 한 번에 여러 가지 일을 처리하는 자신을 굉장히 효율이 높다고 생각한다.

멀티태스킹은 효율이 높은 듯 보이지만, 실제로는 기분만 그렇다. 효율이 낮고 효과도 거의 없다. 멀티태스킹의 반대 개념은 선택과 집중, 전략, 성과, 효과다.

하지만 많은 사람이 멀티태스킹을 하려고 한다. 나도 마찬가지다. 멀티태스킹을 계속하는 이유는 기분이 끝내주기 때문이다.

어떤 일을 하든지, 분명한 목표와 짜임새 있는 계획이 효율을 높이고 전략적인 선택과 집중이 효과를 만든다. 계획대로 진행하면 시간, 노력, 비용 등을 낭비하지 않고 여유가 생긴다. 집중하면 일하는 시간이 단축된다. 이뿐만 아니라 일하는 동안 심리적으로 안정 상태가 유지되어 다른 일도 자신감을 갖고 시도한다. 목표, 계획, 전략에 집중하면 효율을 높이고 질적으로 훌륭한 효과, 결과를 낼 수 있다.

## 만반의 준비를 하는 시간

우리는 일을 시작하기 전에 일할 준비를 한다.

육상, 수영 등 규칙을 정해놓은 스포츠에서 선수들은 시합을 치르기 전에 자기만의 준비 단계를 거친다. 모든 일에는 준비가 필요하다.

'만반의 준비'라는 말이 있다. 만반萬般은 일만 만, 옮길 반으로 이루어진 한자다. '마련할 수 있는 모든 것', '빠짐없이 전부'를 의미한다. 갖출 수 있는 모든 것이 만반이며 영어로는 'all things', 'all kind'이다.

이 표현을 쓴 용례로 "적국의 침입에 대비해 만반의 준비를 하다"가 있다. 과거에 전쟁이 일어날 조짐이 보이면 돌을 옮겨서 진지를 구축하는 과정에 이 말을 썼을 것이다.

어떤 일을 하든지 준비는 필요하다. 만반의 준비를 하면 그 일을 시작했을 때 막힘없이 할 수 있다. 문제는 만반의 준비가 매우 어렵다는 것이다. 철저하게 준비하면 더할 나위 없지만 그러기는 불가능에 가깝다.

"생산적인 내일을 만들기 위해 엄격히 지켜야 할 하루의 습관에 관한 책"이라는 찬사를 받은 메이슨 커리의 《리추얼》에는 창조자들이 삶의 에너지를 불어넣는 방법을 소개했다. 아인슈타인, 트와일라 타프, 데카르트, 괴테, 슈베르트 등 과학자, 예술가, 작가가 그들의 일에 충실하기 위해서 실천하는 것을 '의식Daily Rituals'이라고 했다.

이 책에 소개한 창조자는 모두 자기만의 의식을 실천한다. 《오즈의 마법사》를 쓴 프랭크 바움과 슈베르트의 의식에는 커피가 있다. 프랭크 바움은 아침 8시에 일어나 식사를 하고 크림과 설탕을 듬뿍 넣은 진한 커피를 대여섯 잔 마셨다. 그렇게 시간을 보내다가 오후에 글을 썼다. 슈베르트는 아침 6시부터 오후 1시까지 쉬지 않고 작곡한 후에 점심을 먹었다. 식사 후에는 블랙커피를 마셨고 한두 시간 정도 담배를 피우며 신문을 읽었다. 두 명의 창조자는 본격적으로 일하기 전에 그리고 일을 마치고 커피를 마셨다. 프랭크 바움은 커피에 크림과 설탕을 듬뿍 넣었는데 어떻게 커피가 진할 수 있는지 의문이지만 커피의 카페인 성분은 각성 효과가 있다.

만반의 준비는 불가능에 가깝다. 일이나 공부를 시작하기 전에 커피를 마시며, 책상을 정리하면서 마음을 다스리는 것은 충분히 가능하다. 카페인을 몸에서 거부하는 사람은 차를 마시면서 앞으로 할 일을 머릿속으로 그려본다. 커피와 차를 마시며 책상을 정리하는 시간은 본격적으로 일을 하는 시공간으로 들어가기 전에 거치는 완충지대 역할을 한다. 우주를 배경으로 한 영화에서 우주선 밖으로 나가기 전에 기압의 안정을 유지하기 위해서 기밀실에서 머무는 것과 같다.

커피를 마시며 동료와 잡담을 해도 괜찮다. 잡담이 길어지면 곤란하지만 집중하기 직전에 잠시 즐기는 여유는 시간의 농도를 높이는 데 도움이 된다.

일을 잘하는 사람 3만 명이 공개한 일을 빨리 끝내는 비법이라는 부제가 붙은 《일 빨리 끝내는 사람의 42가지 비법》에도 출근해서 커피를 내리는 사람이 일을 빨리 끝낸다고 했다. 출근하자마자 메일을 확인하는 사람과 먼저 커피를 내리는 사람이 일하는 모습을 비교했다. 출근해서 메일부터 읽는 사람은 빨리 회신을 보내서 처리하고 싶은 마음에 답장 버튼을 누르고 내용을 입력한다. 메일을 쓰는 도중에 또 다른 메일이 도착한다. 출근해서 급한 메일 몇 개에 회신을 보내려고 했는데 새로 온 메일, 시시각각 들어오는 메시지, 전화, 상사의 호출에 응해야 한다. 메일 회신 하나만 보내고 일과를 시작하려고 했는데, 어느새 회의 시간이 되거나 상사, 동료가 급한 일이라며 재촉한다.

급한 일을 하다 보면 아침 시간이 지난다. 오늘 계획한 할 일은 아직 시작도 못 했는데 점심시간이 된다. 메일 회신을 보내고 계획에 없었던, 급한 일 한두 가지를 했더니 오전 시간이 다 지난다. 오후 일과도 오전과 별반 다르지 않다.

반면, 업무를 시작하기 전에 커피를 마시는 사람은 커피를 마시며 오늘 할 일을 계획한다. 커피를 마신 후에는 계획한 일을 본격적으로 한다. 메일을 확인하고 즉시 회신을 보내야 하는 메일만 체크한다. 상사가 급한 일을 부탁하면 그 일이 정말 급한 일인지 다시 확인한다. 실제로 다급하게 처리해야 할 일은 별로 없다. 갑자기 일어난 사고가 아니면 모든 일에는 기한이 있다. 상사에게 언제까지 처리해야 하는지 물어본다. 커피를 마시며 오늘 할 일 가운데 빨리 처리할 일과 나중에 할 일을 구분해서 상사가 요청한 일과 시급한 정도를 비교해서 당장 시작할지, 나중에 처리할지 생각한다. 오전에는 머리가 맑은 상태이므로 집중해서 할 일, 머릿속으로 생각해둔 일을 중심으로 처리한다. 그렇게 오전에 중요한 일과 시급한 일을 마친다. 점심 후에는 오전에 확인한 급하지도, 중요하지도 않은 메일과 메신저에 답장을 보낸다. 오전에 상사가 요청한 일도 중요도나 시급성을 판단해서 처리한다. 중요한 일은 오전에 끝내서 오후에는 급하게 처리할 일이 없다. 아침에 커피를 마시며 계획한 대로 차근차근하면 된다.

이것이 커피와 차를 마시며 생산성을 높이는 방법이다. 이 방법을 어떤 사람은 효율이라고 하고 어떤 사람은 준비라고 한다. 루틴이라고 하는 사람도 있다. 어떤 일을 하든지 준비하는 시간이 필요하다. 만반의 준비는 어려워도 커피나 차를 마시며 머릿속으로 할 일을 시뮬레이션하면서 준비하는 것은 시간의 농도를 높이는 데 분명히 도움이 된다.

# 오래 일하는 것과 효과적으로 일하는 것

시간 관리의 역사에서 빠지지 않는 두 사람이 있다. 과학적 관리의 창시자 프레더릭 테일러와 프랭클린 플래너를 개발한 하이럼 스미스다. 프레더릭 테일러는 하루 동안 할 일, 일하는 과정의 표준화, 목표를 달성해서 받는 보상, 실적이 기준에 미치지 못했을 때 손실을 보상하는 방법 등을 체계적이고 합리적으로 만들었다.

프레더릭 테일러를 따르는 과학적 관리학파는 스톱워치를 사용해서 사람이 하는 일을 작업 단위로 구분하여 표준작업 시간을 만들고 실제로 현장에 적용했다.

프레더릭 테일러가 과학적 관리 체계를 연구하기 시작한 계기는 생산성을 높여서 제조업 노동자가 일한 만큼의 보수를 받게 하기 위해서였다. 그는 노동자가 일하는 과정을 분석하고 효율을 높이는 방법론을 고안했다. 그가 고안한 방법을 노동자에게 적용하자 예상했던 대로 생산성은 향상되었다. 과학적 관리 방법론은 제조업 노동자도 자본가와 마찬가지로 산업혁명의 수혜자로 만들어주었다. 당시에 과학적 관리는 추측에 의한 작업 대신 작업 정보에 대한 최적의 값을 적용해서 효율적인 시스템을 만들었다.

산업혁명 이후 노동집약형 산업 구조에서는 정해진 시간에 더 많은 성과 또는 결과물을 만드는 데 테일러의 과학적 관리가 통했다. 시간이 지나면서, '열심히'에서 '현명하게' 일하기로 바뀌었다. 노동자에게 일한 만큼의 합리적인 보수를 주기 위해 고안한 과학적 관리는 기업의 이익을 위해 사람을 기계 부속으로 만드는 형태로 변질되어 과학적 관리를 비판하는 사람까지 생겨났다.

하이럼 스미스가 개발한 프랭클린 플래너는 성공 원칙으로 통하는 목표, 계획, 성과 측정 등을 실천하게 해준다. 프랭클린 플래너를 제대로 쓰려면 꽤 오랜 시간을 할애해야 한다. 대부분 처음에만 자세히 기록하다가 한두 달 후에는 일정만 간단히 적고 금전 출납만 기록한다. 제대로 사용하면 프랭클린 플래너는 분명히 효과가 있는 시간·목표 관리 도구다. 전 세계에서 프랭클린 플래너 사용자는 2,000만 명이 넘는다. 플래너 시장에서 프랭클린 플래너를 따라올 만한 상품은 아직 없다.

하이럼 스미스는 스티븐 코비와 미국의 독립을 이끈 벤자민 프랭클린의 이름을 따서 플래너를 만들었다. 벤자민 프랭클린은 정치인으로 많은 업적을 남겼고 과학자이며 메모광이었다. 일상적인 메모만 한 게 아니라 평생 추구해야 하는 인생의 지침을 정리해서 항상 자기가 정한 지침대로 생활했다. 목표를 달성하기 위해서 꾸준히 계획하고 실행하며 기록했다. 여기서 힌트를 얻어서 프랭클린 플래너를 개발했다. 프랭클린 플래너는 인생을 계획하는 시간·목표관리형 플래너다. 인생의 의미를 발견하고 삶의 가치관, 비전, 목표, 월별, 주간별, 일별 계획을 세울 수 있게 양식을 제공한다.

프랭클린 플래너가 오랫동안 전 세계에 수천만 명이 사용하는 이유는 인생을 설계하고 실천하도록 도와주고 목표를 기억하게 해주기 때문이다. 이것이 보통의 다이어리와 비교되는 프랭클린 플래너의 특징이다.

테일러의 과학적 관리와 프랭클린 다이어리는 모두 전통적인 시간 관리에 기초한다. 전통적인 시간 관리는 정해진 시간에 더 빨리, 더 효율적으로, 더 많은 일을 하는 것이다. 이 방법은 여전히 유효하다. 전통적인 시간 관리는 지금도 효과가 있다. 사람들이 잠자는 시간, 밥 먹는 시간을 줄이면서 일하고 공부하는 모습을 보면 전통적인 시간관리가 효과가 있다는 사실을 알 수 있다.

과학적 관리와 프랭클린 플래너는 노력을 꾸준히 이어가도록 도와준다. 목표를 계속해서 상기하도록 도와준다. 이것이 두 가지 시간 관리 도구의 장점이자 공통점이다.

'꾸준히', '열심히'에서 '현명하게' 일하는 쪽으로 바뀌었다. 사람들은 굉장히 오랜 시간 꾸준히 노력하는 것보다 효율적으로 노력하기를 원한다. 자신의 노력이 고스란히 성과로 나타나기를 원한다.

나도 마찬가지다. 선생님은 학생에게 "공부는 엉덩이로 한다"라는 말을 하고 유명한 작가는 작가 지망생에게 "글은 엉덩이로 쓴다"라고 조언한다.

나는 집중과 효율, 적은 노력으로 큰 성과를 얻는 방법을 누구보다 중요하게 생각한다. 하지만 엉덩이로 공부하고, 엉덩이로 글을 쓰는 것처럼 책상 앞에 앉아서 오랜 시간 노력해야 성과가 나온다는 말을 더 신뢰한다.

꾸준히 지속하면서 집중까지 한다면 더 바랄 게 없겠지만, 집중력을 오래 유지하기는 어렵다. 꾸준히 노력하는 동안 집중을 하고 딴생각도 한다. 책상 앞 또는 일하는 자리에서 목표를 이루기 위해 꾸준히 노력하고 그 노력을 꾸준히 이어가야 한다.

효율을 따지는 사람은 중요한 순간에 몰입하면 된다고 말한다. 몰입하면 짧은 시간에 많은 일을 할 수 있다. 하지만 몰입은 말처럼 쉽지 않다. 몰입하는 동안 대체로 집중하지만 딴생각도 한다. 꾸준히 노력을 지속하는 사람만 집중과 효율, 몰입을 이야기할 자격이 있다. 진득하게 노력하는 습관을 들인 후에 집중하는 방법과 효율적인 방법을 따라 해야 효과가 극대화된다.

## 노력을 즐기기

독일의 심리학자 롤프 메르클레는 이렇게 말했다.

"천재는 노력하는 사람을 이길 수 없고 노력하는 사람은 즐기는 사람을 이길 수 없다."

공자는 이렇게 말했다.

"知之者不如好之者, 好之者不如樂之者."(지지자불여호지자, 호지자불여락지자)

"아는 사람이 좋아하는 사람만 못하다. 좋아하는 사람은 즐기는 사람만 못하다"라는 의미다.

롤프 메르클레와 공자, 두 사람의 말은 의미가 같다.

공자가 남긴 원래 문장은 "천재는 노력하는 자를 이길 수 없고, 노력하는 자는 즐기는 자를 이길 수 없고, 즐기는 자는 미친 자를 이길 수 없다"이다. "노력하는 자는 즐기는 자를 이길 수 없다"까지만 인용해서 널리 알려졌다.

고개가 저절로 끄덕여지는 말이라서 으레 그러려니 생각했었다. 그런데 농구선수를 은퇴하고 방송인으로 활동하는 서장훈 씨가 방송에서 '즐기는 자'의 의미를 생각해 봤는데, 즐겁게 하면 '이길 수 없다'라고 했다. 그는 최고의 자리에 오르는 것을 검투사에 비유했다. 경기장에서 지면 죽는데 어떻게 즐길 수 있냐는 것이다.

서장훈 씨의 말도 충분히 설득력이 있다. 시간 관리 전문가, 자기 계발 강연자들은 대부분 계획, 원칙, 마감기한, 우선순위, 생산성 등을 실천하는 방법론을 강조한다. 이들은 대부분 공자와 롤프 메르클레의 말을 인용하며 일을 즐기라고 조언한다.

즐기는 사람과 노력하는 사람, 둘 중 누가 뛰어난 사람인지는 티모시 페리스의 《4시간》에서 분명히 알려준다. 이분법으로 나눠서 어느 누가 더 뛰어나다고 하긴 어렵지만, 적어도 나만의 가치관을 정립할 수 있다.

티모시 페리스는 즐겁게 일할 것을 강조하며 일주일에 4시간만 일하라고 주장한다. 그렇다면, 정말 티모시 페리스가 일주일에 4시간만 일할까?

그렇지 않다. 그는 회사를 설립하고 휴일도 없이 하루에 12시간씩 일하며 많은 이익을 얻었지만, 오래 일해야 하는 상황이 잘못됐다고 생각했다. 잘못된 상황을 바꾸기 위해서 새로운 라이프스타일을 만들고 실천하며 쓴 책이 《4시간》이다. 일주일에 4시간을 일한다는 개념에서 일$^{work}$은 '하기 싫은 것'을 의미한다.

일주일에 4시간만 일한다는 의미는 하기 싫은 일을 4시간 동안 하는 것이다. 티모시 페리스의 가치관으로 보면, 좋아하는 일을 하는 시간은 일하는 시간이 아니다. 업무시간이나 일의 강도에 관계없이 즐겁게 한다면 일이 아니므로 일주일에 4시간만 일하는 게 가능하다.

문제는 '즐겁게' 일을 하는 것이다. 자기가 하는 일을 즐겨야 하는데, 실제로는 대부분 일하는 것을 즐기지 못한다.

2016년 미국 갤럽 조사에 따르면, 전 세계에서 일하는 사람 가운데 87퍼센트가 현재 하는 일을 싫어한다고 응답했다. 10명 가운데 8~9명은 자기가 좋아하는 일이 무엇인지 몰라서,

좋아하는 일은 경제적으로 보탬이 안 돼서, 다른 일을 찾을 수 없어서 등의 이유로 싫어하는 일을 한다. 10명 중 8~9명은 당장 돈을 버는 일에 급급해서 하기 싫은 일을 하며 산다. 10명 가운데 1~2명 정도만 좋아하는 일을 하며 산다.

우리나라는 '좀 다르겠지'라고 생각하고 주변 사람들에게 물어보았다. 상당히 많은 사람이 자기가 하는 일을 싫어하지 않지만, 그렇다고 좋아하는 것도 아니라고 대답했다. 좋아하지 않는 일을 하면서 참았던 감정을 '힐링', '치유' 등으로 위로받으며 워라밸을 찾으려고만 한다.

2018년부터 우리나라에 주 52시간 근무제가 시행되었다. '저녁이 있는 삶'이라는 슬로건을 내걸고 시작한 52시간 근무제는 시행 초기에 문제가 많았지만 이제는 어느 정도 정착되었다. 하지만 근무시간이 줄었다고 해서 일을 좋아하게 되는 건 아니다.

자기가 하는 일을 좋아하는 것이 정답인데 힐링, 치유, 공감 등의 콘텐츠와 52시간 근무제로 해결하려는 건 옳은 해법이 아니다.

1조 달러의 사나이로 불리는 댄 페냐는 《슈퍼 석세스》에서 "일을 한 시간만큼 가치가 생긴다"라고 했다. 좋아하는 일을 할 수 있었는데, 해야 하는데, 하고 싶었는데 못해서 후회로 남겨서는 안 된다. 댄 페냐는 좋아하는 일을 누구보다 열심히 하라고 조언한다. 최고의 CEO라고 부르는 잭 웰치는 일과 삶 사이에 균형$^{Balance}$은 없으며 도전만 있다고 했다. 현재 성공한 기업가로 모두가 인정하는 일론 머스크, 스티브 잡스, 빌 게이츠는 워라밸이 없었다고 하면서 "왜 당신은 워라밸을 요구하냐?"라고 묻는다.

성공한 사람의 개인적인 면면이나 가정사, 사생활을 들여다보면 모든 면에서 성공했다고 말할 수는 없다. 하지만 그들이 자신의 일을 좋아했으며 열심히 했다는 것은 모두가 인정한다. 댄 페냐는 열심히 노력해야 원하는 것을 얻고 누릴 자격이 있다고 역설한다.

노력하지 않으면서 시간의 농도를 짙게 만드는 건 불가능하다. 하기 싫은 일을 집중해서 하라는 것도 이치에 맞지 않는다. 높은 성과를 내고 큰 성공을 이룬 사람들은 자기 일을 즐겼다. 즐겨야 집중할 수 있고 위험도 감수한다. 현실에 안주하며, 늘 하던 대로 하기 싫은 일을 억지로 하면서 성취·성공을 원한다면 그것은 욕심이다.

시간은 상대성 원리가 적용된다. 절대적인 시간과 상대적인 시간이 있다. 즐거운 일을 하는 동안 시간이 빨리 간다. 영국의 광고 회사에서 큰 상품을 걸고 스코틀랜드 에든버러에서 런던까지 가장 빨리 가는 방법을 묻는 퀴즈를 냈다. 에든버러에서 런던까지 거리는 서울에서 부산까지 가는 거리보다 멀다. 버스로 8~9시간, 고속철도로 4시간, 비행기로 1시간 20분 정도 소요된다. 사람들은 비행기가 가장 빠르다, 기차를 타고 어디에서 갈아타는 게 가장 빠르다, 교통체증이 없는 새벽에 지름길로 차를 몰고 가는 게 가장 빠르다 등 경험을 통해서 얻은 가장 빠른 방법을 답으로 제시했다. 이 퀴즈에서 큰 상품을 받은 사람을 선정했는데, 그 사람이 제출한 답은 "사랑하는 사람과 함께 간다."였다. 이 답으로 상을 받는 데 대해서 이견은 없었다. 사랑하는 사람과 함께라면 아무리 멀어도 가는 시간이 짧게 느껴진다.

티모시 페리스의 일주일에 4시간 일하기, 댄 페냐가 말한 일한 시간만큼의 가치를 얻는 방법은 모두 좋아하는 일을 한다는 전제 조건을 충족해야 한다. 자기가 하는 일을 좋아하면 몰입하게 되고 노력하는 시간을 즐길 수 있다. 이것이 시간의 농도를 높이는 선순환이다. 이런 순환을 통해서 시간을 노력으로 채우면 결과도 분명히 좋다.

## 시간 가계부 쓰기와 마감 시간 정하기

　시간을 효율적으로 사용해서 하루를 충실하게 살기 위해 노력하는 사람은 날마다 할 일 목록을 쓴다. 할 일 목록은 하루 단위의 계획이다.

　오전, 오후, 퇴근 후, 저녁으로 시간을 나눠서 할 일을 정리한다. 당장 오늘 할 일이라서 매우 구체적으로 쓸 수 있다. 할 일 목록에 적은 일은 대부분 몇 주 혹은 몇 달 전부터 계획한 일이다. 사건이나 사고를 처리하는 게 아니라면 이미 실행 계획이 나온 상태다. 할 일 목록에 적은 일은 대부분 매일 또는 자주 하는 루틴한 일이다. 갑자기 생긴 일, 처음 하는 일도 있지만, 오늘 할 일 목록에 생전 처음 하는 일은 그렇게 많지 않다. 오늘 할 일은 이전부터 생각해 두었던 일이라서 바로 실행할 수 있다.

여러 번 해본 일은 소요시간을 쉽게 예상할 수 있다. 할 일 목록을 쓰고 그 일을 하는 데 예상되는 시간을 적는다. 갑자기 생긴 일이라도 처음 하는 일이 아니면 그 일을 완료하는 데 필요한 시간을 어림잡아 예상한다.

자기 능력을 가늠해서 소요시간을 기록한다. 몇 달 전에는 2시간 걸려서 끝낸 일을 몇 번 해본 후에는 노하우가 생겨서 1시간 만에 끝낼 수 있다. 일을 하는데 시간이 단축되었다는 사실을 직접 확인하면서 능력이 향상됐다는 사실을 실감한다.

일하는 데 실제로 쓴 시간, 집중한 시간, 전체 소요시간을 기록한 것이 '시간 가계부'다. 시간 가계부는 간략하게 적는다. 하루 동안 각각의 일을 하는 데 쓴 시간을 아침에 적은 할 일 목록에 정리한다. 일을 하면서 발생한 문제와 해결 과정까지 간단히 적어둔다. 그러면 시간 가계부가 완성된다. 할 일 목록에 시간 가계부를 적으면 일을 하는 데 걸린 시간과 어떤 시행착오가 있었는지 나중에 확인할 수 있다. 시간 가계부를 다른 말로 '완료한 일 목록'이라고 한다.

시간 가계부를 적으면 세 가지를 눈으로 확인할 수 있다.

첫째, 어떤 일에 시간이 얼마나 소요되는지 파악할 수 있다.

둘째, 나중에 같은 일 또는 비슷한 일을 할 때, 소요시간을 정확히 예상할 수 있다.

셋째, 하루 동안 어떤 일을 하는 데 가장 많은 시간을 사용하는지 알 수 있다.

여기에 하나 더 보태면, 일하는 동안 발생한 문제와 해결 방법, 주의사항 등을 간단히 메모해둔다. 다른 사람에게 보여주려고 쓰는 게 아니므로 나만 알아볼 수 있게 간단히 적는다. 그러면 같은 실수를 반복하지 않을 것이다. 설령, 비슷한 실수를 하더라도 바로잡는 데 시간을 허비하지 않는다.

소요시간을 정확히 알고 있으면, 그 일을 끝내는 시간, 즉 마감 시간을 정확히 예상할 수 있다. 일을 끝내는 데 걸리는 시간 또는 기간이 마감 시간 또는 마감기한이다. 기한을 정하지 않으면 일은 무한정 늘어진다.

성과를 올리는 사람은 할 일을 계획할 때 소요시간을 예상한다. 적정한 소요시간을 예상해서 할 일 목록에 적은 항목 옆에 각각 적는다. 일을 빨리 끝내려고 소요시간을 짧게 예상하면 문제가 생겼을 때 급하게 서두르다 일을 망친다. 예상하지 못한 문제가 발생하는 상황까지 고려해서 소요시간을 정한다.

소요시간을 너무 여유 있게 정하는 것은 좋지 않다. 파킨슨 법칙에 따라서 일을 하는 시간이 많이 주어질수록 쓸데없는 일들로 시간을 채우기 때문이다.

마감기한을 정하는 주체에 따라 내가 정하는 능동적 마감기한과 회사 또는 조직<sup>타인</sup>에서 정하는 수동적 마감기한이 있다. 직장에서 상사가 직원에게 기획안을 이번 달 말일까지 작성하라고 하는 것이 수동적 마감기한이다. 기획안을 작성하는 직원은 자기 능력을 고려해서 다시 마감기한을 정한다. 이것은 자기만의 마감기한이다. 자료 수집부터 정리, 기획 방향 협의를 거쳐서 기획안을 작성하는 데 일주일 정도 걸린다면, 상사가 정해준 기한보다 적어도 하루 또는 이틀 정도로 앞당겨서 마감기한을 정한다. 상사가 정한 기한을 수동적으로 받아들이기보다 일을 마치는 데 걸리는 시간을 예상해서 능동적으로 마감기한을 정하면 그 일을 주도할 수 있다.

일반적으로 일을 계획할 때 고려하는 마감기한은 그 일을 실제로 끝내야 하는 공식적인 마감기한<sup>End Deadline</sup>, 중간 점검을 위한 마감기한<sup>Middle Deadline</sup>, 늦어도 이 시점부터는 본격적으로 착

수해야 하는 시작 마감기한$^{Start Deadline}$이 있다.

계획에 필요한 마감기한과 능동적 마감기한을 적절하게 활용하면 일을 하는 모든 단계에서 낭비하는 시간을 줄어든다. 오늘 할 일 목록에 소요시간을 예상해서 쓰고 그 일을 완료한 후에 실제로 걸린 시간을 기록한다. 할 일 목록과 시간 가계부를 한 페이지에 쓰면 시간을 기록, 관리, 통합할 수 있다.

새로운 일을 시작할 때도 경험에 기초하여 소요시간을 예상해서 너무 짧게 또는 길게 잡지 않는다. 일을 완료할 수 있는 현실적인 마감기한을 예상해서 몇 달 동안 시간 가계부를 적으면 소요시간을 정확히 예측할 수 있다. 허비한 시간이 얼마나 많은지 알게 된다. 하루에 중요한 일 하나도 제대로 끝내지 못하면서 바쁘기만 했던 이유도 두 눈으로 확인할 수 있다.

시간을 인식하면 집중하는 방법, 시간을 효율적으로 사용하는 방법, 할 일과 시간을 기록하는 이유를 이해한다. 그러는 동안 시간 관리 노하우가 몸 안에 쌓인다. 시간을 관리하는 습관이 생긴다.

할 일 목록, 시간 가계부를 쓰는 일은 처음에는 번거롭다. 하지만 습관이 되면 할 일과 시간을 정확하게 예상해서 구체적으로 계획을 세우고 실천하는 데 동기부여가 된다.

CHAPTER
04

# 지친 몸과 마음을 회복하는 시간

## 시간의 농도를 높이는 휴식

일과 삶의 균형을 이루며 살아가는 시대다. 주 52시간 근무제가 시행된 지 여러 해가 지났다. 이 제도는 시행 초기에 기업에서 근무시간이 종료되면 강제로 컴퓨터가 꺼져서 야근을 꼭 해야 하는 사람도 야근을 하지 못하게 강제한다는 뉴스가 여러 번 나왔다.

늦게까지 근무해야 하는 사람은 강제로 일을 종료하게 만드는 제도에 대해서 불평을 늘어놓았다. 한동안 찬성과 반대 여론이 있었지만, 많은 사람이 워라밸을 추구하는 경향에 따라이 제도는 사회 전반에 빠르게 퍼져나갔다.

일과 삶의 균형, 저녁이 있는 삶이 일반화되면서 작지만 확실한 행복이라는 '소확행'과 한 번뿐인 인생을 즐기자는 의미의 '욜로'YOLO가 한동안 트렌드로 떠올랐다. 불확실한 미래에 투자하기보다 현재에 집중하고 현실적인 행복을 누리는 것은 바람직하다. 단, 행복도 적정하게 누려야 한다.

워라밸, 욜로 등의 신조어가 대중에게 알려지기 전까지는 많은 사람이 일을 최우선으로 생각했다. 풍요롭게 살기 위해서 당연히 노력해야 하고 젊을 때 고생해야 하고 이른 아침부터 밤늦은 시간까지 일해야 한다고 생각했다. 반면, 휴식에 가치를 부여하는 사람은 거의 없었다.

인식이 바뀌었다. 쉼, 휴식, 멍 때리기처럼 아무것도 하지 않는 시간을 헛되게 보낸다고 생각하지 않는다. 게으름을 바라보는 시각도 바뀌었다. 요즘은 게으름을 건강의 비결로 보는 시각도 있다. 부자의 성공 습관 중에 게으름 피우기가 있다고 말하는 사람도 있다. 여기서 말하는 게으름은 나태, 무기력과 다르다. 오래 사는 비결이라고 말하는 게으름은 무리해서 일하지 않는 삶, 적정하게 휴식을 취하면서 일하는 자세를 말한다.

적정한 휴식은 내 몸을 위한 투자다. 박민수 의학박사는

《내 몸 경영》에서 열심히 일하는 시간이 가치 있는 만큼 지친 몸을 회복하는 시간도 가치 있으며 일의 효율을 높이는 측면에서 휴식만큼 효과적인 에너지 충전 방법은 없다고 했다.

휴식과 여가는 재충전하는 시간이다. 스마트폰 배터리 잔량이 부족하면 충전한다. 우리 몸도 마찬가지다. 재충전의 시간을 가져야 한다. 지금보다 더 나은 생활을 하기 위해서 더 많은 일을 해야 한다는 강박에 사로잡혀서 여유가 생기면 업무에 필요한 능력을 더 배우려고 하는 사람이 많다.

내가 그렇다. 아무것도 하지 않고 있으면, 왠지 뒤떨어질 것 같은 느낌이 들고 불안하다. 많은 사람이 아주 오랫동안 휴식에 인색했다. 여유가 생기면 업무에 필요한 공부, 능력 계발을 선택했다. 어린 시절부터 줄곧 노력을 게을리하면 안 된다는 가르침을 받은 사람들은 쉬는 법을 잊어버렸는지도 모른다.

일본의 경제학자 오마에 겐이치는 10여 년 전에 《OFF학》을 썼다. 머리말에서 '시간이 없다' '돈이 없다' '마음의 여유가 없다'를 '3무無'라고 했다. 일, 공부하는 시간이 '온', 휴식하며 재충전하는 시간을 '오프'다. 오프 상태에 충실해야 온 상태에서 무엇이든 더 열심히 한다. 잘 쉬어야 일도 더 잘한다. 원하는 직장과 직업을 찾지 못한 구직자, 스마트폰과 AI 등 새로운 IT 기술에 적응하지 못해서 시대에 뒤떨어진다는 느낌을 받는 직장인, 은퇴를 준비해야 하는데 능력을 쌓지 못하고 시간만 흘러가서 안절부절못하는 장년층이 일과 여가에서 스트레스를 받는 원인은 놀 줄 모르고 쉴 줄 모르기 때문이다. 경쟁에서 밀려나지 않으려고 온종일 일하는 상태, 즉 온 상태$^{On-Mode}$를 유지한다. 이들은 일과 공부를 더 하기 위해서 잠을 줄인다. 마치 휴식 공포증에 걸린 사람들처럼 일만 한다. 쉬지 않고 일만 하면 그들이 원하는 것을 이룰 수 있을까? 몇 달 후에 시험을 앞두고 있다면, 잠을 줄이며 공부하는 게 맞다. 과거에는 수년, 십수 년을 일만 해서 성공한 사람이 있었다. 하지만 현재 그리고 미래에는 일만 해서는 성공하기 어렵다. 항상 일하는 상태를 유지하면서 스트레스와 피로를 풀지 못하는 사람은 시한폭탄을 안고 사는 것과 같다.

쉬지 않고 일하면 원하는 것을 이룰지는 몰라도 행복한 삶을 살기는 어렵다. '시간의 행복 지수'라는 게 있다. 일본에서 사법고시 단기 합격자 배출 전국 1위의 이토학원을 만든 이토 마코토는 공부하는 시간에 행복 지수를 적용했다.

가족과 보내는 즐거운 시간, 같은 취미를 가진 직장 동료 또는 친구와 수다를 떠는 시간, 무의미해 보이는 잡담을 나누는 시간 등은 시간을 낭비하는 것처럼 보인다. 그 시간 동안 어떤 성과를 냈는지 묻는다면, 성과는 없다. 효율적으로 시간을 사용한 게 아니다. 성과의 관점에서 보면 낭비한 시간이다. 잡담하는 동안 얻는 건 아무것도 없다. 하지만 시간의 행복 지수 관점에서 보면 소소하게 행복한 시간이다.

전통적인 관념의 시간 관리 이론이나 효율을 따진다면, 무의미한 시간은 목표를 이루는 기간을 늘린다. 시간을 사용하는 데 효율을 최우선 가치로 두면 일과 공부하는 시간은 늘어나고 여유 시간은 줄어든다. 목표를 달성하는 궁극적인 목표는 인생을 풍요롭게 만들기 위해서다. 모든 사람이 그럴 것이다. 효율과 성과에 집중하면서 시간을 사용하는 것은 극단적인 욜로만큼 문제가 된다.

'1조 달러의 사나이'로 불리는 댄 페냐는 1999년에 쓴 책《Your First 100 Million》에서 엄청난 성과와 엄청난 부를 이루는 방법을 소개했다. 우리나라에는《슈퍼 석세스》라는 제목으로 번역 출간됐다.

댄 패냐는 엄청난 부를 이룬 테슬라, 애플, 마이크로소프트, 페이스북 창업자들을 예로 들면서, 이들은 모두 워라밸을 원하지 않았으며 지금도 쉬지 않고 일한다고 말한다. 그는 청중에게 묻는다. 아직도 힐링, 여유 있는 삶, 워라밸을 원하냐고. 그가 제시하는 성공 원칙은 '페냐이즘'으로 불린다.

일본에서 수년 동안 개인 납세액이 가장 많은 거부 사이토 히토리는 《부자의 운》에서 "인생은 신나게 놀다 가는 것"이라고 하면서 일을 즐겁고 신나게 하라고 조언했다. 웃으면 미간이 열리고 미간이 열려야 좋은 아이디어가 떠오르는 '제3의 눈'이 열린다고 했다. 노력해서 부자가 되더라도 얼굴을 찡그리면 제3의 눈이 닫히고 운이 떨어져서 돈도 따라오지 않는다. 이 책에서 인상적인 내용은 "주행차선과 추월차선을 번갈아 타라"는 충고다. 빨리 가려면 추월차선으로 빠르게 달리고, 보통은 주행차선에서 적정한 속도로 달리라고 조언했다.

오마에 겐이치, 이토 마코토, 사이토 히토리는 공통적으로 휴식의 가치를 말한다. 일, 공부, 운동 등 모든 활동에는 쉬는 시간이 있다. 미국 육군에서 병사들을 대상으로 한 실험에서 쉬지 않고 행군할 때보다 1시간 행군 뒤에 10분 동안 휴식했을 때가 능률, 인내심, 행군 거리 등 모든 면에서 향상되었다. 휴식은 재충전의 시간이며 창의력, 문제해결력, 자아 성찰, 여러 가지 측면에서 긍정적인 효과가 있다. 그러니 쉴 때는 쉬는 데 충실하기 바란다.

## 명상의 시간

    나는 국민학교를 다녔다. 그 시절에 '명상의 시간'이 있었다. 내 기억에 2교시 수업을 마치고 쉬는 시간이 끝나는 종소리와 함께 3교시 수업을 시작하기 전에 스피커에서 명상의 시간 방송이 나왔다. 명상의 시간은 2~3분 정도로 짧았는데, 학생들은 억지로 눈을 감고 스피커에서 나오는 소리를 들었다. 눈을 감은 학생들은 말과 행동을 멈췄다. 교실은 고요했다. 그 시간에 할 수 있는 거라곤 스피커에서 흘러나오는 소리를 듣는 것뿐이었다. 명상의 시간에 들은 내용은 하나도 기억나지 않는다. 하지만 '명상의 시간'을 알리는 종소리와 중저음의 목소리는 아직도 기억에 생생하다.

눈을 감고 스피커에서 나오는 명상의 시간 음성을 들은 후에 눈을 뜨면, 몇 분 동안 고요한 상태가 계속되었다. 수업을 시작하면 선생님 목소리만 들렸다. 지금 생각해 보면, 명상의 시간 다음에 이어지는 수업 시간은 이전 시간과 비교해서 학생들의 집중력이 향상됐던 것 같다.

명상의 의미와 방법, 효과를 몰랐던 어린 시절에도 몇 분 동안 눈을 감고 좋은 이야기를 들으면 들떠있던 마음이 차분해지고 머릿속이 맑아지는 느낌이 들었다. 눈을 감고 명상의 시간 방송을 들으며 자기 호흡에 귀를 기울이면 주의력이 향상된다. 학자와 전문가들은 집중력을 높이려는 사람에게 명상을 권한다.

집중과 몰입을 원한다면 우선 주의력부터 높여야 한다. 19세기에 심리학을 연구한 윌리엄 제임스는 주의력에 관해서 이렇게 말했다.

"누구나 주의력이 무엇인지는 알고 있다. 주의력은 동시에 떠오르는 여러 가지 생각 중에서 하나를 명료하고 생생하게 마음에 담는 것이다. 그것은 몇 가지 일을 효율적으로 처리하기 위해 다른 일들은 제쳐놓는 것을 의미하고, 혼란스럽고 멍하고 산만한 것과는 완전히 반대되는 상태다."

윌리엄 제임스가 말한 것은 일시적으로 주의를 기울이는 것은 선택적 주의력selective attention이다. 선택적 주의력은 여러 가지 자극을 동시에 느낄 때 필요한 자극에만 초점을 맞추는 것이다.

예를 들어, 내 방에서 책을 읽고 있는데 주방에서 맛있는 음식 냄새가 나고 거실에서 TV 소리가 들리고 식구들이 이야기하는 소리가 들린다. 주의를 분산시키는 여러 가지 자극을 차단하고 책을 읽는 데 주의를 기울이는 것이 선택적 주의력이다.

명상할 때는 눈을 감아야 한다. 시각 자극, 즉 눈에 보이는 것을 차단하기 위해서다. 선택적 주의력과 다른 개념인 지속적 주의력sustained attention은 긴 시간에 걸쳐서 주의를 기울이는 능력으로, 동기와 밀접하게 관련이 있다.

우리가 일상적으로 "수업에 집중해", "일에 집중해"라고 말하는 것은 주의력이다. 주의력은 오랫동안 한 가지 일에 몰두하는 것이다. 주의력은 시간의 제약을 받는다. 주의력을 지속하는 시간은 10~30분 정도다. 1시간 이상 주의력을 이어가는 사람은 극소수다. 한 가지 일에만 신경을 쓰지 못하는 것도 주의력의 시간 한계 때문이다. 계속해서 새로운 사건이 일어나거나 몸과 머리를 쓰는 활동을 동시에 해야 주의력을 이어갈 수 있다. 포모도로 기법에서 25분으로 시간을 제한하는 것도 이런 이유에서다.

책상 앞에 오래 앉아있거나 단순한 행동을 반복하면서 주의력을 이어가기는 어렵다. 그 이유는 감각기관을 통해서 다양한 자극이 들어오기 때문이다. 주의력을 이어가고 싶다면, 명상하면 된다. 어린 시절에 명상의 시간 후에 이어지는 수업 시간에 집중력이 상승했던 것처럼 하면 된다. 명상의 시간에 눈을 감고 스피커에서 나오는 소리에만 귀를 기울였던 것처럼, 눈을 감고 몸 안으로 들어오고 나가는 호흡, 숨을 쉬는 소리에 집중한다. 명상하는 동안에도 다른 생각이 비집고 들어온다. 그러면 그 생각을 흘려보낸다. 호흡에 집중하며 현재를 느끼는 동안 머릿속에 떠오르는 잡생각을 물리치는 나만의 방법이 있다. 나는 눈앞에 바다가 보인다고 상상한다. 그리고 밀려왔다 밀려가는 파도에 잡생각을 띄워 보낸다고 상상한다.

어린 시절 명상의 시간처럼 명상은 주의력을 높이고 들뜬 마음, 불안한 생각을 진정시키는 효과가 있다.

《성공한 사람들의 기상 후 1시간》에는 신경과학 박사 다리야 로즈가 메일을 확인하기 전에 명상하는 이야기가 나온다.

다리야 로즈 박사는 출근해서 이메일을 열어보기 전에 명상을 한다. 명상을 하기 전에는 이메일을 열어본 직후 회신을 보내는 데 급급해서 호흡이 가팔라졌다. 이메일 회신과 급하게 처리할 일 사이를 빠르게 왔다 갔다 해도 두 가지 일을 모두 빨리 끝낼 수 없었다. 명상하는 습관을 들인 후에는 정신이 맑아져서 할 일과 회신할 이메일이 많아도 침착하게 처리하게 되었다. 명상은 주의력을 향상시키고 올바른 방향, 효율적으로 사고해서 일을 빠르고 정확하게 처리하도록 도와준다. 여러 날 꾸준히 명상한 후에는 내가 하는 행동을 의식적으로 선택하게 되었다. 이뿐만 아니라 스트레스를 덜 받고 자극에 반발하는 경향도 크게 줄었다.

명상은 집중력 향상 외에도 무기력감과 우울증 치료에도 효과가 있다. 코로나19 팬데믹으로 '코로나 블루'라는 이름의 새로운 형태의 우울증이 늘어나던 시기가 불과 얼마 전이다. 2020년 12월 기준, 미국 센서스 인구조사에 따르면 응답자의 42퍼센트가 우울 증세가 있다고 대답했다. 이 수치는 1년 전인 2019년과 비교해서 31퍼센트 상승했다.

팬데믹 이전에도 스트레스, 불안, 불면증, 우울증 등의 정신 질환이 사회문제로 나타났지만, 코로나19로 고통을 겪는 사람이 훨씬 더 늘었다. 이런 이유로 '마음 챙김 명상$^{Mindfulness\ meditation}$'이 관심을 받고 있다.

마음 챙김 명상은 말 그대로 마음을 챙기는 명상이다. 틱 낫한 스님이 쓴 《Living Buddha, Living Christ》에서 소개했다. 조용히 앉아서 눈을 감고 숨을 들이마시고 내쉬는 행위, 호흡에만 집중한다. 숨을 깊이 들이마시면서 숫자를 1부터 20까지 천천히 센다. 숨을 내뱉으면서 다시 숫자를 1부터 10까지 센다. 틱 낫한 스님은 몸과 마음이 하나가 되는 방법이 호흡이라고 하면서, 숨을 들이마시고 내쉬는 것을 자각하면 마음이 몸으로 되돌아온다고 했다.

《깨어있는 마음으로 깊이 듣기》에서는 명상을 하면 "몸과 마음이 삶과 연결되고 우주와 연결된다"라고 했다. 명상이 종교를 연상시키고 영적인 측면을 강조한 것처럼 보이지만, 의학·과학으로 명상의 효과가 증명됐다. 긴장을 풀고 숨을 깊이 들이마시고 내뱉으면서 숫자를 세는 방법은 몸의 생리적인 기능, 뇌의 화학작용에 관여한다. 숨을 깊게 쉬면 우리 몸에 더 많은 산소가 공급된다. 명상을 꾸준히 실천하면 뇌에 산소가 공급되어 머리가 맑아지고 마음이 차분해지고 기분도 좋아진다.

우울하고 스트레스가 심한 상태에서는 집중력이 발휘되지

않는다. 집중하지 못한 채 그저 시간을 흘려보내게 된다. 이럴 때는 집중하려고 노력하기보다 명상을 실천한다.

눈을 감고 명상을 하지 않더라도 잡생각과 걱정이 많을 때는 숨을 깊게, 여러 번 쉬면 마음이 진정된다. 호흡은 마음을 다스리는 도구다. 호흡을 다스리는 수행이 명상이다. 명상은 우리 몸의 긴장도 풀어준다. 몸에 힘을 뺀 상태로 호흡하면 기분이 전환된다. 자신감도 생긴다. 자신감을 얻은 후에 하는 일은 다 잘 된다.

## 걸으며 생각하기

휴식의 관점에서 산책은 목적 없이 걷는 것이다. 그저 걷기만 하는 것이 시간의 농도와 무슨 의미가 있나, 싶을 것이다. 목적 없이 걷는 동안 여러 가지 생각을 한다. 걷기는 일상을 잠시 멈추는 활동이고 양질의 휴식이다.

스트라스부르대학교 사회학과 교수 다비드 르 브르통는 걷기에 관한 에세이 《걷기 예찬》을 썼다. 그는 걷기에 관해서 다음과 같이 썼다.

"운동 중에 가장 기본이 되는 걷기는 단순한 운동 차원이 아니라 자신에게 충실할 수 있는 방편이며, 제어장치 없이 돌아가는 현대의 속도에서 벗어나기 위한 휴식이다."

다비드 르 브루통 교수는 지나가는 시간을 음미하고 존재를 에돌아가서 길의 종착점에 더 확실하게 이르기 위해 걷는다고 했다. 걸으면서 전에 알지 못했던 장소와 얼굴들을 발견하고 지식을 확대한다고도 했다.

걷기는 운동하면서 동시에 휴식하는 방법이다. 나무가 많은 곳에서 걸으면 머리도 맑아진다. 걷기 효과, 제대로 걷는 방법 등을 설명하는 콘텐츠가 많다. 걷는 방법을 배워서 산책해도 좋고 그냥 발이 가는 대로 산책해도 좋다. 올바른 자세로 발길 가는 대로 걸으면 근심, 걱정이 잠시 멈추는 효과가 있다. 두 발로 걸으면 살아있다는 느낌, 발로 밟고 있는 땅, 주변의 사물에 대한 감각이 되살아난다. 되살아난 감각으로 쳇바퀴 도는 일상, 어제와 같은 오늘 속에 가려졌던 시간의 가치를 다시 생각한다.

걷기를 포기하고 바퀴가 달린 교통수단 또는 더 빨리 이동하는 기술에 의존하면, 단지 빠르게 이동할 뿐 가고 싶은 의지와 방향이 사라진다. 자신의 두 발로 땅을 딛고 걸어야 대지와 교감할 수 있다.

거의 모든 창작자, 철학자, 작가들은 걷기를 즐겼다. 음악가 쇼팽은 창작 활동에서 10시간의 연습보다 중요한 것이 1시간의 산책이라고 했다. 그는 걸으면서 음악적 영감을 받았다. 헨리 데이비드 소로는 《월든》에 정처 없이 시골길을 걸었던 경험을 자세히 묘사했다. 소로는 자기가 걸으며 보았던 풍경과 만난 사람, 느낌 등을 굉장히 자세히 묘사했다. 어떤 면에서 다소 지루할 수도 있다. 걸으면서 바라보는 풍경처럼 묘사가 드라마틱 하지 않아서 그렇다. 니체, 장 자크 루소, 빅토르 세갈렌, 피에르 쌍소, 랭보, 키에르 케고르, 레베카 솔닛, 이들은 걷기와 걷는 동안 일어나는 모든 일을 즐겼다.

음악가, 작가, 철학자 등 요즘 '크리에이터'라고 부르는 사람들은 '생각'이 주된 일이다. 이들은 결과물을 만들기 위해 생각에 생각을 '거듭'한다. '거듭한다'는 되풀이해서 생각하고 또 생각한다는 뜻이다. 여러 번 생각해서 가장 좋은 것을 선택하면 훌륭한 결과물을 얻는다. 직관적으로 '이거다' 싶은 확고한 생각을 다른 관점에서 다시 생각하는 방법으로 걷기, 산책은 매우 효과가 있다.

평범한 사람은 한번 결정한 것을 다시 생각하지 않는다. 다시 생각하지 않아서 처음 했던 생각을 바꾸지 않는다. 이런 사실은 연구를 통해서 밝혀졌다.

객관식 시험을 치렀는데 선택한 답 가운데 다른 게 답일 수도 있다고 생각하는 문항이 있다. 시험 시간이 아직 남아있어서 더 생각하고 답을 고칠 수 있다. 이런 상황에서 시험을 본 학생 중 4분의 3이 답을 고치지 않는다. 처음 적은 답이 맞는 답이라고 생각한다. 이 연구를 한 심리학자는 30여 개의 논문을 검토한 결과 답을 바꾼 학생 중 다수가 오답에서 정답으로 바꾸었다는 결론을 얻었다.

처음 생각한 답을 바꿔서 정답을 맞히는 것을 심리학에서는 '최초 직감의 오류'First Instinct Fallacy라고 한다. 다시 생각해서 바꾼 답이 오답일 수도 있다. 하지만 실제로는 답을 바꿔서 정답을 선택한 학생이 더 많았다.

한번 결정한 것을 바꾸지 않는 것은 인간이 가진 본성이다. 중요한 것은 오답을 정답으로 바꾸는 게 아니다. 내가 쓴 답이 틀렸을 수도 있다고 가정하고 '다시 생각하는 것'이다. 심리학자 애덤 그랜트는 《싱크 어게인》에서 한번 결정한 것을 다시 생각하지 않는 이유가 '정신적 구두쇠', '인지적 게으름' 때문이라고 했다. 다시 생각하기보다 이미 결정한 것에 안주하는 쪽을 선택하는 게 많은 사람의 심리다. 내가 틀렸다고 의심하는 것은 불편하고 내가 맞았다고 확신하는 것은 편안하다.

걷기는 인간이 본능적으로 싫어하는 '다시 생각하기'를 하게 만든다. 프랑스 철학자 로제 폴 드루아는 《걷기, 철학자의 생각법》에서 인간이 만물의 영장이 된 이유가 걷기에 있다고 했다. 한쪽 발을 앞에 놓으면서 쓰러질 것처럼 보이는 상황에서 다른 발을 내디며 균형을 잡는다. 이 행동을 반복하는 것이 걷기다. 한 번 생각하고 그 생각을 다시 하고, 그러는 동안 반박과 비판적 분석이 이루어진다. 반박과 비판이 대립하는 것이 고차원적 사유다.

데카르트는 《방법서설》에 '걷기'를 다음과 같이 썼다.

"언제나 바른길을 따른다면 아주 천천히 걷더라도 길을 벗어나 달리는 사람보다 훨씬 더 많이 나아갈 수 있다."

쇼팽, 소로, 루소 등 걷기를 실천한 창작자들은 걸으면서 생각하고, 또 걸으면서 다시 생각하고, 그러면서 작품을 만들었고 마침내 걸작이 탄생했다. 걷기의 효과를 증명하는 글은 많다. 키에르 케고르는 걸을 때 가장 좋은 생각이 떠오른다고 했다. 니체는 위대한 사상은 모두 걷는 가운데 잉태되었다고 했다.

걷기는 생각을 자극한다. 생각을 거듭해서 올바른 해답을 찾도록 도와준다. 글쓰기, 작곡, 계산 등 집중력이 필요한 고된 작업을 할 때, 잠시 시간을 내서 걸으면 머리가 맑아진다. 걷기를 운동으로 생각하는 사람은 쉬는 동안 왜 걸어야 하냐고 묻는다. 천천히 걷기는 운동과 다르다. 운동이 아니라고 할 수는 없지만, 운동량이 적어서 몸에 무리를 주지 않는다. 매일 30분 정도 산책하듯 걸으면 머리가 맑아진다. 생각을 거듭한 후에 맑은 정신으로 다시 일을 시작하면 반드시 옳은 답을 찾는다.

## 시간 흘려보내기

나는 수십 년 전에 만든 영화나 수십 년 전을 배경으로 하는 영화 또는 드라마에서 사무실 모습을 유심히 본다. 불과 1990년대 초만 해도 사무실 책상에는 컴퓨터가 없었다. 책꽂이와 서류철, 문서를 손으로 써서 만들었다. 손으로 일일이 글을 써서 문서를 만들면 일하는 시간이 얼마나 걸렸을지 생각해 본다. 1990년대 중후반에 사무실 책상에는 컴퓨터가 설치되었고 업무 처리 속도는 빨라졌다. 지금은 노트북과 스마트폰만 있으면 언제 어디서나 사무실이 되는 세상이다. 손으로 글을 써서 문서를 만들던 시절과 비교하면 문서를 작성하는 속도는 비약적으로 빨라졌다.

일뿐만 아니라 생활과 여가를 즐기는 데도 속도가 빨라졌다. 역사적으로 지금처럼 모든 일을 빨리 처리한 시대는 없었다. 시간에 쫓기며 살았던 시대도 없었을 것이다. 우리는 언제나 '빨리빨리'라는 말을 입에 달고 산다. 꼼꼼하게 일하는 사람에게 "일은 확실히 하는데 느려"라며 칭찬인지 핀잔인지 모를 말을 한다.

모든 일에는 적당한 속도가 있다. 기차, 지하철은 무조건 속도를 올리지 않는다. 선행하는 차와 안전거리를 확보하면서 속도를 조절한다. 자동차, 비행기도 마찬가지다. 적당한 속도는 최고 속도가 아니다. 매사에 서두르고 빨리 행동해야 목적지에 더 일찍 도착하고, 일이 빨리 끝나는 건 아니다. 급하게 서두르면 깜빡 잊고 지나친 일 때문에 개운하지 않다. 실수했으면 실수한 과정으로 돌아가서 다시 해야한다. 그러는 동안 불필요한 동작이 늘어난다.

뉴스에서 '외국인이 본 한국인의 모습 베스트 5'를 소개했다. 첫째, 자판기의 컵 나오는 곳에 손을 넣고 기다린다. 둘째, 엘리베이터 문이 닫힐 때까지 닫힘 버튼을 계속 누른다. 셋째,

3분이 되기 전에 컵라면 뚜껑을 열고 먹는다. 넷째, 극장에서 영화의 엔딩 크레디트가 끝나기 전에 자리에서 일어난다. 다섯째, 웹사이트 링크를 클릭하고 3초 안에 열리지 않으면 닫는다.

우리나라 사람이라면 누구나 다섯 가지 모두 공감할 것이다. 나는 이 글을 읽고 내 얘기도 몇 개 있어서 부끄러웠다. 빠른 것이 좋고 느린 것이 나쁜 건 아니다. 하지만 대체로 느린 것보다 빠른 것을 좋아한다. 음식 배달, 간편 결제 등은 빠르고 편리함을 강조한다. 빠른 것을 편한 것과 동일시하는 빨리빨리 정신은 장점인 동시에 단점이다.

우리나라 사람만 빠른 것을 좋아하는 건 아니다. 전 세계 많은 사람의 뼛속 깊은 곳에는 '빨리빨리' DNA가 있다. "옥수수는 달빛이 익는다."라는 인디언 속담이 있다. 낮이 계속되면 우리가 먹는 옥수수는 달고 고소한 맛이 나지 않을 것이다. 계속 광합성을 한다고 옥수수가 빨리 여무는 것은 아니다. 대나무도 마찬가지다. 우후죽순이라는 말처럼, 비가 온 뒤에 대나무 싹이 지면을 뚫고 나오면 몇 주 만에 10미터 이상 자란다. 사람들은 대나무가 빠르게 자라는 모습만 보고 대나무의 성장 속도가 빠르다고 생각한다. 하지만 실제로 대나무가 자라는 속도는 사람들의 생각처럼 빠르지 않다.

대나무 종류 가운데 '모소대나무'가 있다. 중국 동쪽 지역에서 자라는 희귀종으로 영화 〈와호장룡〉의 대나무 숲 장면에 나온다. 모소대나무는 씨앗을 심고 4년이 지나도 싹이 나오지 않는다. 몇 년이 지나도 싹이 나오지 않으면 죽었다고 생각하는 사람도 있다. 하지만 5년째가 되면 모소대나무 싹이 땅 위로 올라온다. 싹이 올라온 후에는 하루에 30센티미터씩 성장한다. 자라는 속도가 매우 빨라서 몇 달 만에 숲을 이룬다. 모소대나무는 5년이라는 긴 시간을 그냥 흘려보낸 게 아니다. 그동안 땅속에 뿌리를 먼저 키운 것이다.

《천 번을 흔들려야 어른이 된다》에는 모소대나무 이야기와 함께 "기다리고 견뎌내면 기다림의 값어치를 다할 순간이 올 것입니다."라는 문장이 나온다.

나는 식물에 관해서 지식이 없다. 모소대나무의 폭발적인 성장 속도가 궁금해서 정보를 찾아보았다. 모소대나무는 여러 종의 대나무 가운데 유난히 빠른 성장 속도를 보인다. 대나무는 나무가 아니다. 갈대, 사탕수수, 옥수수, 밀처럼 볏과 작물로 다년생 풀이다. 볏과 작물은 성장 속도가 폭발적이다. 하지만 싹을 틔우기까지는 상당히 오랜 시간이 필요하다.

살아가는 동안 누구나 힘들고 어려운 순간을 겪는다. 그런

데도 좌절해서는 안 되는 이유가 모소대나무의 교훈에 있다. 모든 사람이 힘든 시간은 거치며 성장한다. 힘이 들면 능력의 한계를 느끼고 답답한 마음이 든다. 의욕이 꺾이고 열정도 식는다. 무기력하게 시간을 흘려보내는 동안에도 아무것도 하지 않는 게 아니다. 아무것도 하지 않는 것처럼 보이지만, 대나무는 마디를 만들고 옥수수는 여문다. 마디가 있어야 견고한 상태로 성장하고 옥수수가 여물어야 먹을 수 있는 곡식이 된다. 대부분의 사람이 무기력한 상태로 한계를 실감하며 숱한 고민을 한다. 이런 고민은 우리가 성장하고 있다는 증거다.

음악도 마찬가지다. 듣기 좋은 음악도 쉼표 없이 연주가 계속된다면 그 곡을 연주하는 사람은 지치고, 듣는 사람도 지루하다. 우리 삶에는 그냥 흘려보내는 시간이 꼭 필요하다.

생각과 결정도 마찬가지다. 모든 생각과 결정에는 시간이 필요하다. 관찰과 생각의 되새김, 생각을 숙성하는 시간이 필요하다. "내가 모든 것을 알고 있다", "내가 하는 결정이 맞다"라는 인식과 모든 것이 실제로 맞는다는 느낌이 들었을 때 결정해야 후회가 없다.

다양한 관점에서 살펴보고 여러 사람의 의견을 들었다면, 아무것도 하지 않고 시간을 흘려보내야 한다.

프랑스 작가 사르트르는 "타인은 지옥이다."라고 했다. 스스로 생각하지 않고 다른 사람의 의견에 동조하는 것을 경계하라는 의미다.

위대한 과학자들은 아이디어가 느닷없이 떠올랐다고 말한다. 느닷없이 아이디어가 떠오르는 순간을 진실의 순간moment of truth이라고 한다. 생각이 숙성되는 시간, 즉 시간을 그냥 흘려보내지 않으면 진실의 순간은 찾아오지 않는다.

"장고 끝에 악수를 둔다."라는 말처럼 오래 생각하는 것과 깊게 생각하는 것은 다르다. 시간을 흘려보내는 동안 머릿속에서는 생각을 정리한다. 직관과 육감이 같은 방향을 향한다면 중요한 결정을 할 수 있다. 이유는 알 수 없지만 그러하다는 신념 즉, 육감이 생기기까지는 시간이 필요하다. 중요한 결정은 몇 가지 정보만 가지고 선택할 수 있는 것보다 복잡하다. 시간을 흘려보내면서 뇌를 쉬게 하면, 무의식이 활성화되어 눈에 보이지 않는 것이 보인다. 이것이 아무것도 하지 않으며 흘려보내는 시간이 필요한 이유다.

## 잠재의식에서 끌어당기게 만든다

 많은 사람이 의식적으로 계획한 일을 열심히 해야 원하는 것을 이룬다고 생각한다. 하지만 실제로는 그렇지 않다. 멍 때리면서 아무것도 하지 않는 시간, 잠을 자는 시간에도 우리의 잠재의식은 작동한다. 밤낮없이 작동하는 잠재의식을 이용하면 시간을 내 편으로 만들 수 있다. 잠재의식은 깨어있는 의식 상태와 전혀 의식하지 않는 무의식의 중간 상태다. 의식, 무의식, 잠재의식의 개념을 원으로 그려서 설명할 때, 가장 안쪽에 작은 원이 의식이고 의식 영역을 둘러싼 원이 무의식이다. 의식과 무의식 사이에 어렴풋한 영역이 잠재의식이다.

잠재의식에는 오래전에 품었던 생각까지 저장되어 있다. 너무 오래전에 했던 생각이라서 지금은 기억에서 사라졌다. 그런 생각을 했었는지 기억나지 않아도 잠재의식에는 남아있다. 〈지킬 박사와 하이드〉와 같은 부류의 이중인격을 나타내는 소설, 드라마, 최면과 암시는 모두 잠재의식에 기초한다.

잠재의식을 이용해서 시간의 농도를 짙게 만들 수 있다. 잠재의식에 하고 싶은 것, 되고 싶은 것, 갖고 싶은 것을 계속 주입한다. 잠재의식에 명령하는 방법은 단순하게 반복하는 것이 아니다. 한의사 이도형 원장은 《더 룰》에서 잠재의식에 바라는 것을 심는 방법을 설명했다. 단순히 반복하는 것이 아니라 잠재의식에 효과적으로 명령하는 것을 까치가 집을 짓는 과정에 비유했다.

한옥 처마 밑이나 나무 위에 지은 까치집을 본 적이 있을 것이다. 나뭇가지를 대충 아무렇게나 꽂아놓은 것처럼 보이는 까치집은 바람이 세게 불면 날아갈 듯 허술해 보인다.

미국 애크런대학 고분자과학부 헌터 킹 교수는 학술지 응용물리학 저널에 새가 둥지를 짓는 기술에 관한 글을 실었다. 그는 나뭇가지에 둥지를 짓는 새들이 건축가가 집을 짓는 것처럼 복잡하고 과학적인 공법을 이용해서 집을 짓는다고 하면서 '재밍 현상'Jamming을 설명했다.

재밍 현상은 나뭇가지를 계속 쌓아서 서로 얽히면 견고해지는 것이다. 까치는 나뭇가지를 쌓아서 둥근 모양의 둥지를 짓는다. 나뭇가지를 계속 쌓아서 서로 얽히면 가지끼리 지탱해 주어 견고해진다. 재밍 현상이 발생하는 것이다.

'까치집'은 헝클어진 머리를 비유하는 말이지만 실제로는 매우 튼튼하다. 까치가 둥지를 짓기 위해 작은 나뭇가지를 쌓아 올리는 데, 재밍 현상이 일어나기 전까지는 나뭇가지가 서로 얽이지 않아서 계속 떨어진다. 나뭇가지를 쌓고 떨어트리는 과정을 계속 반복하다가 재밍 현상이 나타나면 그때부터는 나뭇가지가 떨어지지 않는다. 까치집의 형태와 구조가 갖춰진 후에는 나뭇가지끼리 계속 엮인다. 헌터 킹 교수는 둥지를 여러 번 지어본 까치는 초반에 나뭇가지가 잘 떨어지지 않도록 진흙을 조금씩 바르는 모습을 발견했다. 까치는 나뭇가지를 쌓은 다음 진흙이 묻은 발로 둥지를 밟아서 단단하게 만들었다.

헌터 킹 교수는 까치가 까치집을 짓는 행동을 '히스테리시스'와 유사하다고 했다. 히스테리시스는 탄성을 가진 물질의 분자들이 늘어났다가 줄어드는 과정에서 구조가 바뀌면서 탄

성력을 조정하는 현상이다. 까치는 나뭇가지를 마구 쌓은 뒤에 계속 눌러서 힘을 주어 단단하고 안정된 구조를 만든다.

까치집을 지을 때 나타나는 재밍 현상은 원하는 것을 종이에 쓰고 말하고 시각화하는 행동에도 적용된다. 원하는 것을 반복해서 종이에 쓰고 주변 사람에게 말하고 구체적으로 상상해서 잠재의식에 정착해야 비로소 효과가 나타난다.

생각날 때마다 이따금 원하는 것을 생각하고 종이에 쓰고 말하는 것은 효과가 없다. 몇 개의 나뭇가지를 대충 올려놓는 것에 불과하다. 서로 연결되지 않은 나뭇가지는 바람만 불어도 흩어진다. 구체적으로 상상하여 시각화를 반복한다. 완성된 상태가 잠재의식에 완전히 뿌리내린 후에 재밍 효과가 나타나는 까치집처럼 원하는 것을 끌어당기는 힘을 발휘한다.

이것이 잠재의식의 '끌어당김' 프로그램이다.

《시크릿》에서 설명한 끌어당김 효과는 몇 번 종이에 쓰고 말하고 상상했다고 해서 현실로 나타나지 않는다. 제비가 나뭇가지를 둥근 모양으로 계속 쌓아서 재밍 효과가 발생하는 것처럼, 잠재의식에 원하는 것이 각인될 정도로 반복해서 종이에 쓰고 사람들에게 말하고 시각화한다.

나는 아침에 잠자리에서 일어나기 전에 되고 싶은 것, 하고 싶은 것, 갖고 싶은 것을 생각하고 혼잣말로 중얼중얼 말한다. 저녁에 잠들기 전에 한 번 더 구체적으로 시각화한다. 다이어리의 한쪽에는 원하는 것을 매일 적는다. 원하는 것이 때로는 바뀌기도 하는데 궁극적으로 원하는 것은 하나다. 매일 똑같은 내용을 쓴다.

원하는 것을 자주 생각하지 않으면서 끌어당김 효과를 원한다면 그것은 헛된 꿈이다. 예를 들어, 시험에 합격하기를 원한다면 시험에 자주 나오는 문장, 이론, 해법 등을 반복해서 익혀야 한다. 식사 중에도 노트에 바로 쓸 수 있을 정도로 반복한다. 시험에 자주 나오는 이론, 공식을 언제든지 기억나도록 종이에 써서 외우고 또 외운다.

잠재의식이 원하는 것을 끌어당기도록 만드는 과정은 시험공부와 비슷하다. 잠재의식에 입력한 프로그램이 원하는 것을 이루는 방법, 실천 계획, 관련 정보 등을 수집해서 의식 영역에서 행동하도록 만든다. 종이에 쓰기와 말하기 구체적인 시각화를 반복하면 끌어당김 효과가 현실로 나타난다.

시간의 농도를 높이려고 효율과 효과만 생각하면서 끊임없이 노력하기보다 잠시 쉬면서 흘러가는 시간 속에 나 자신을 내려놓고 잠재의식이 원하는 것을 끌어당기게 만들기 바란다.

## 완벽함의 역설

일과 생활의 균형을 찾기 위해서 일주일에 52시간만 근무하는 제도를 만들었다. 이 제도는 일하는 시간을 강제로 제한한다. 근무시간이 끝난 후 일정 시간이 지나면 출입 통제 시스템이 작동하고 컴퓨터가 자동을 꺼진다. 물리적으로 일을 할 수 없게 만든다.

이 제도를 시행해서 일 중독, 번아웃에 시달리는 사람이 줄었을까?

정확한 숫자는 알 수 없지만, 내 생각에는 그리 많이 줄어들지 않은 것 같다. 일 중독자들은 시간에 쫓기며 일을 하고 굳이 하지 않아도 되는 일을 만들어서 한다. 일을 만들어서 하는 이유는 '완벽'하게 끝내기 위해서다. 하지만 자기가 맡은 일을 완벽하게 끝내는 사람은 거의 없다. 완벽이라는 개념은 모호하다.

예를 들어, 기획부터 완벽한 상품을 제작하기까지 수년이 걸렸다고 가정하고 그 상품을 시장에 처음 공개하는 프레젠테이션이 열린다. 오랜 기간 공을 들여 상품을 만든 만큼 프레젠테이션을 수차례 연습하고 또 연습해서 완벽하게 준비했다. 하지만 프레젠테이션 현장에서 어떤 돌발 상황이 일어날지는 아무도 모른다. 발표자가 긴장하거나 연습이 부족해서가 아니라 발표하는 도중에 정전이 될 수도 있고 신상품을 개발한 회사에 나쁜 감정을 가진 사람이 의도적으로 프레젠테이션을 방해할 수도 있다.

운동선수도 마찬가지다. 전 세계 매체에서 올림픽 유망주로 소개하고 객관적인 기록도 세계 최고인 선수가 있다. 하지만 이 선수가 올림픽에서 정상의 자리를 차지할지는 누구도 예상할 수 없다. 세계 최고 기록을 보유하고 비공식 연습에서 자신의 기록을 뛰어넘었다고 해도 올림픽 경기에서 어떤 일이 일어날지 모른다. 세상에 알려지지 않은 선수 중에 세계적인 선수를 압도하는 기량을 가진 선수가 출전할 수도 있다.

어떤 상황에서든지 완벽할 수는 없다. 최초의 미국인이라고 불리는 벤자민 프랭클린은 여러 가지 직업을 전전했다. 밑바닥에서 시작해서 근면과 성실함을 무기로 삶의 모든 영역에서 '거의' 완벽한 성취를 이루었다. 많은 사람이 "그의 삶은 완벽하다"라고 말한다. "잠은 무덤에서도 충분히 잘 수 있다", "게으름뱅이가 자는 동안 땅을 갈아라. 그러면 팔고도 남을 만큼 많은 양의 옥수수를 얻을 것이다." 그가 남긴 명언처럼, 그의 삶은 성실하고 근면했다.

벤자민 프랭클린은 미국의 독립선언문 초안을 작성했다. 미국 이주자들에게 청교도 정신, 신대륙인이 가져야 할 자세 등을 전파했다. 나라를 만들고 이끌어가기 위해서 열심히 일해야 한다고 주장했다. 그의 주장과 행동은 200여 년이 지난 지금까지도 우리에게 영향을 준다. 열심히 일해야 원하는 것을 얻고 성공한다는 믿음이 그 증거다.

완벽한 삶을 살고 모든 면에서 완벽을 추구한 벤자민 프랭클린은 미국인이 닮기를 원하는 인물 1순위다. 100달러 지폐에 벤자민 프랭클린의 얼굴이 있으니 그의 위대함에는 누구도

반론을 제기하지 못한다. 하지만 그는 여러 번 실패했다. 펜실베이니아의 총독이 사업을 제의해서 영국으로 건너가 사업을 하려고 했지만, 영국에서 벌인 사업은 실패했다. 나중에 인쇄소를 경영하며 안정적인 생활을 한 뒤에는 사생활이 문란했다고 한다.

벤자민 프랭클린의 가르침에 감명을 받은 경영자가 많다. 이들은 근면과 성실의 가치를 믿으며 모든 일을 완벽하게 해내려고 노력한다.

'성공'을 주제로 제작하는 TV 프로그램에는 "완벽해야 성공한다"라는 컨셉으로 비범한 방식으로 성공한 사람을 소개한다. 성공 비결이 '완벽함' '깐깐함' '고집'에 있는 것처럼 구성해서 보여준다. "고통 없이 얻는 것은 없다"라는 말을 증명하려는 듯 고통을 이겨낸 끝에 만들어낸 완벽한 결과를 보여주려고 애쓴다.

모든 성공의 이면에는 고통이 있다. 겉으로는 성공의 영광만 보여도 실제로는 수많은 시행착오가 있었다. 하지만 성공의 원인이 꼭 완벽함에 있는 것은 아니다. 우리가 성공 비결이라고 믿는 '완벽'과 '완벽주의'는 오히려 성공을 방해한다. '완벽'은 달성할 수 없는 목표 수준이고 '완벽주의'는 지나치게 높은 기준을 요구하는 것이다.

나는 완벽을 추구하는 사람을 말리지는 않는다. 하지만 나와 함께 일하는 사람에게는 완벽의 개념을 먼저 정의하고 추구하라고 말한다. 달성하기가 극도로 어려운 목표는 좌절, 패배감을 준다. 주변 사람까지 지치게 만든다. 완벽주의가 강박으로 작용하면 성공에서 멀어지고 오히려 실패를 끌어들인다.

작은 성취가 모여서 성공의 밑거름이 되는 게 진리다. 모든 일에 완벽을 추구한다면 작은 성취를 쌓으며 겪는 시행착오도 인정하지 않을 것이다. 따라서 완벽을 추구하면 목표 수준에 도달할 수 없다. 완벽을 추구하는 사람은 반복되는 시행착오를 견디지 못한다. 이들은 완벽하게 실행할 수 있는 능력을 키우면서 완벽한 시기를 기다린다. 능력을 키우기 전까지 할 일을 미룬다.

완벽주의자는 당장 완벽하게 할 수 없다면 아무것도 하지 않는 이분법의 논리를 따른다. 나폴레온 힐은 "완벽한 때라는 건 결코 없다."라고 했다. 완벽하지 않아도, 준비를 덜 했어도 실행해야 한다. 실행하지 않으면 성취는커녕 계속해서 패배감을 느끼게 된다.

패배감을 느끼고 자존감이 떨어지면, 긍정적인 시각을 잃어버린다. '이전에도 실패했는데 이번엔 성공할 수 있을까?'라면서 자기 능력을 의심한다.

부정적인 생각은 노력을 멈추게 만든다. 부정적인 생각을 갖고 하는 시도는 실패한다. 노력을 멈추는데 성공하는 게 더 이상하지 않은가. 다시 도전해도 똑같이 실패할 거라고, 자기가 할 수 있는 일은 없다는 생각이 굳어진다. 부정적인 생각이 머리와 몸을 꽁꽁 묶어서 실천 의지는 사라진다. 무조건 긍정적으로 생각하는 것은 위험하다. 완벽을 추구하다가 번번이 실패해서 부정적인 사람이 되기보다는 차라리 무조건 긍정적인 편이 낫다.

처음부터 완벽한 사람은 없다. 마지막까지 완벽해지기는 불가능에 가깝다. 학습으로 터득한 지식과 실천해서 얻은 경험이 지혜로 쌓이면 '완벽'에 수렴한 상태가 된다.

어떤 도전을 하든지 성공 확률보다 실패 확률이 월등히 높다. 완벽하지 않아도 괜찮다. 실패했을 때, 다치거나 위험하지 않다면 무조건 시도하는 게 좋다. 완벽해지려고 수백 개의 추상적인 이론을 학습하기보다 즉시 도전해서 구체적인 경험을 얻는 편이 훨씬 낫다.

실패를 극복하며 끊임없이 도전하고 시행착오에서 교훈을

얻어서 성공한 사람의 일대기는 울림을 준다. IBM의 설립자 토마스 왓슨은 성공 확률을 높이려면 실패 확률을 두 배로 높이라고 했다. 미국 500대 기업에서 강연하는 스티브 챈들러는 《성공을 가로막는 13가지 거짓말》에서 실리콘밸리에서는 실패한 경험을 경력으로 인정한다고 했다. 벤처캐피털리스트는 실패와 성공의 궤적으로 사람을 평가하고 실패를 통해서 단련된 사람을 더 신뢰한다.

실패는 정신적인 고통과 경제적인 부담을 준다. 동시에 자신의 약점과 실수를 일깨워주어 약점을 보완하게 만든다. 약점을 보완하면 재기할 용기가 생긴다. 도전과 실패, 시행착오 후에 성공을 거치며 결국, 원하는 것을 얻는다. 반면, 완벽주의자는 완벽을 추구하다가 중간 이상의 성과를 거두어도 자신의 성취를 인정하지 않는다. 완벽한 결과를 얻는 데도 실패하고 교훈도 얻지 못한다.

## 꾸준히 유지하기

인생을 살면서 여러 가지 일을 겪는다. 어려운 일인데 술술 잘 풀릴 때가 있고 모두가 잘 될 거라고 예상한 일인데 난관을 겪다가 포기할 때도 있다. 뜻대로 되는 일과 노력해도 안 되는 일의 차이를 만드는 건 꾸준함이다.

예상한 대로 되지 않은 이유를 어떤 사람은 노력이 부족해서, 또 다른 사람은 공부를 하지 않아서라고 말한다. 경험이 없어서, 실수를 해서, 라면서 이유를 찾는다.

이런 이유가 항상 통하는 것은 아니다. 어떤 사람은 열심히 노력하지 않았는데도 성공한다. 공부하지 않아도, 경험이 없어도 성공한 사람이 있다.

프린스턴 대학 버튼 말킬 교수는 '랜덤 워크 이론'을 제시했다. 금융학을 가르치는 버튼 말킬 교수는 주가의 움직임에서 규칙성을 찾는 건 어렵고 예측은 불가능하다고 말했다. 미국의 비즈니스 인사이더는 원숭이가 다트를 던져서 찍은 종목에 투자해도 전문가 이상의 성과를 낼 수 있다고 했다. 버튼 말킬 교수는 투자의 성공 요인은 랜덤하게 적용되지만, 성공 요인이 적용되는 시기를 정해져 있다,라고 했다.

버튼 말킬 교수는 구글 직원을 대상으로 금융학 강의를 하면서 이런 말을 했다.

"시간은 여러분의 친구지만 시기는 그렇지 않다."

그는 시간과 시기의 개념을 미국 주식 시장을 예로 들어 설명했다. 지난 45년간 미국 주식시장의 수익률은 해마다 약 7퍼센트씩 성장했다. 산술적으로 45년 동안 주식시장은 약 20배가 올랐다. 하지만 주식 시장이 가장 빠르게 오른 기간은 45년의 긴 시간 가운데 25일에 불과하다. 이 시기를 놓쳤다면 수익률은 절반으로 줄어든다. 수익률은 3.5퍼센트에 그치고 고점 대비 80퍼센트 정도 손해를 본 것이나 마찬가지다. 주식

시장이 가파르게 오르는 25일이 언제인지는 누구도 예상할 수 없다. 누구도 알지 못한다,라는 표현이 더 정확할 것이다.

현명한 투자자는 주식시장에서 최저점과 최고점을 예측하여 이익을 실현하는 사람이 아니다. 꾸준히 투자하는 사람이 현명한 투자자다. 45년 사이에 주식시장이 오른 25일을 예측하기보다 꾸준히 투자해야 25일의 상승장에서 이익을 볼 수 있다.

다시 말해서, 주식시장에서 승자를 만드는 것은 꾸준함이다. 예측이나 기술적 분석이 아니다.

주식투자, 목표 달성, 원하는 것을 이루는 방법은 단 하나다. 인내심을 발휘해서 꾸준히 노력해서 시간을 친구로 만드는 것이다.

어떤 경험이든지 잘 활용하면 시간 효율을 높이고 효과를 얻는다. 경험을 활용하지 못하면 시간을 낭비하게 된다. 과거의 경험을 활용해서 성공의 밑거름으로 만들려면 새로운 시도를 하면서 꾸준히 경험을 쌓아야 한다.

성공하면 자신의 노력 덕분이고, 실패하면 '경험이 없어서', '운이 없어서', '아무도 도와주지 않아서'라고 핑계를 대거나 남을 탓하는 사람이 있다. 실패한 사람은 처음부터 불공정한

경쟁이었다는 말을 한다. 주식시장도 마찬가지다. 불과 몇 년 전에 온 국민이 주식계좌를 만들었다고 할 정도로 주식 열풍이 불었다. 주식이 오를 때는 자신이 주식이 신이 된 것처럼 느낀다. 반면 주식이 떨어지면 자신이 시장의 희생양이 된 듯 한탄한다.

성공했을 때 도움을 준 사람들에게 고마움을 전하고 꾸준히 쌓은 경험과 성취가 작은 성공에 이르기까지 어떻게 작용했는지 돌아보는 사람은 다르게 생각한다. 이들은 무엇을 잘 해서 성공했는지, 무엇을 못 해서 실패했는지 객관적으로 본다. 객관적으로 분석한 다음, 다른 사람들에게는 단지 운이 좋아서 성공했다고 말한다. 절대로 능력을 과시하거나 자신의 경험을 포장하지 않는다. 그동안 자기가 한 노력을 강조하지도 않는다. 실패 요인은 자기 실수 또는 능력이 부족해서라고 말한다.

좋은 결과를 만드는 요인을 '꾸준함'에서 찾으면 실패에서 오는 억울한 감정은 줄어든다. 실패를 성공의 밑거름으로 활용하는 능력이 생긴다. 인내심을 갖고 올바른 방향으로 노력을 이어가면, 45년 주식 시장에서 주가가 빠르게 상승한 25일처럼 시간을 내 편으로 만들 수 있다. 단, 그 시기를 정확히 예측하거나 특정할 수 없으므로 시간을 노력으로 채워야 한다.

만약 그 시기가 빨리 오지 않아도 너무 서운하게 생각하지는 말자. 그동안 쌓은 경험, 노력으로 채운 시간은 내 몸에 고스란히 남는다. 성공 요인으로 작용할 시기가 오면 경험과 노력, 작은 성취는 반드시 화학반응을 일으키고 폭발적인 성과를 만든다.

CHAPTER
05

# 시작하길 잘했어

## 뭐라도 시작하길 잘했어

성과, 행운, 결과 등 '가치 있는 모든 것'은 행동을 해야 나에게 온다. 아무것도 하지 않는 사람에게는 아무것도 오지 않는다. 복권에 당첨될 행운이 와도 복권을 사지 않는다면, 당첨될 확률은 없다.

가치 있는 무언가를 얻고 경제적으로 성공하려면 어떤 행동이든지 시작해야 한다. 자본주의 사회에서 이익을 추구하려면 무언가를 사거나 만들어서 팔아야 한다.

어떤 일이든 시작하기는 어렵다. 하지만 일단 시작하면 그 일을 계속하는 건 어렵지 않다.

시작하는 데 용기와 노력이 필요하고 꾸준히 하면 분명히 보상이 따라온다. 그 보상이 노력의 대가인지 행운인지 딱 부러지게 구분할 필요는 없다.

성공 요인을 분석하는 건 좋다. 하지만 오직 하나의 이유만으로 좋은 결과를 얻는 경우는 없다. 분석해서 성공 요인을 찾아낸다고 한들 같은 방법으로 두 번 이상 성공하긴 어렵다. 오히려 과거에 큰 성공을 이루게 한 요인이 미래에는 방해 요인이 될 수도 있다.

나의 행동으로 좋은 결과를 얻었다면, 성공 요인을 분석하되 성공 요인에만 너무 집착하지 말고 "어쨌든 잘 됐다"라고 생각한다.

《시크릿》에는 "간절하게 원하면, 간절하게 원한 그것을 얻는다"라는 비현실적인 법칙을 논리적으로 설명하기 위해서 부자와 가난한 사람을 비교했다. 부자는 원하는 것에 집중하고 가난한 사람은 원하지 않는 것에 집중한다고 했다.

원하는 것에 집중하는 것은 이해가 되는데 원하지 않는 것에 집중하는 것은 이해하기 어렵다. 예를 들면 이렇다. 부자는 더 많은 돈을 원해서 더 많은 돈을 벌기 위해 시간을 보낸다.

반면, 가난한 사람은 현재 가진 것마저 잃어버리는 상황을 걱정한다. 돈을 더 벌어야 하지만, 더 가난해지는 상황을 머리에서 지우지 못한다. 부자가 원하는 것은 '더 큰 부'이고 가난한 사람이 원하지 않는 것은 '더 가난해지는 것'이다. 부자와 가난한 사람은 각각 더 많은 돈과 더 가난해지는 것을 생각하고 그것에 집중한다.

론다 번이 《시크릿》에서 설명한 우주의 원칙은 "집중하는 것이 커진다"이다. 부자는 언제, 어디에서나 기회를 찾으려고 한다. 기회를 찾는 데 상당한 시간과 노력을 투자한다. 그 결과 기회를 잡는다. 부자에게 기회가 더 자주 찾아오는 것처럼 보이는 게 아니다. 부자는 기회를 잡기 위해서 시간과 노력을 투자한다. 그리고 노력하고 시간을 들인 만큼 더 많은 기회를 잡는다. 부자는 항상 더 큰 부를 만드는 기회를 잡는 데 몰두한다.

가난한 사람은 어떨까? 가난한 사람은 기회보다 문제를 해결하는 데 촉각을 곤두세운다. 내 앞에 놓인 장애물을 어떻게 처리하는가가 이들의 관심사다. 그래서 기회를 발견하는 것보다 장애물을 처리하기 위해 더 많은 시간을 보낸다.

뉴욕대학교 피터 골비처 교수는 시험날 학생들에게 시험지를 나눠주면서 오늘 시험은 몹시 어렵다고 말하면서 고도의 집중력과 사고력을 필요로 하는 문제를 냈다고 말했다. 이 말을 들은 학생들은 불안해졌다.

시험장 앞에는 스크린이 있었다. 스크린에 재미있는 광고 영상을 재생했다. 피터 골비처 교수가 어렵다고 말한 시험지를 앞에 두고 광고 영상을 보는 학생들은 마음이 어수선했다.

교수는 학생을 두 그룹으로 나눠서 공지했다.

오른쪽에 앉은 학생들에게 광고 영상이 거슬리면 '문제에 집중하자'라고 주문을 걸라고 했다. 왼쪽에 앉은 학생들에게는 '광고를 무시하자'라고 주문을 걸라고 했다.

주문이 얼마나 통했을까? '문제에 집중하자'라고 주문을 건 오른쪽에 앉은 학생들은 54문제를 풀었고 '광고를 무시하자'라고 주문을 건 왼쪽에 앉은 학생들은 78문제를 풀었다.

시험장의 학생들은 모두 문제가 어렵다는 말에 불안하고 스크린에서 재생되는 광고 영상 때문에 어수선했다. '문제에 집중하자'라는 주문으로 불안한 마음을 의지력으로 덮어버린 학생들이 오히려 문제를 적게 풀었다.

불안은 억누를수록 더 커진다. 불안한 마음은 덮어버리거나 저항하지 말고 무시하는 편이 낫다. 해결하기보다 그냥 흘러가도록 내버려 두는 것이 현명한 대응이다.

《시크릿》의 원리는 하나다. 원하는 것을 끌어당기는 것.

이것을 '끌어당김의 법칙'이라고 한다. 큰 부를 원하면 큰 부를 거머쥘 기회가 생긴다. 기회를 노리면 기회를 끌어당긴다. 전혀 예상하지 않았던 상황도 기회가 된다. 더 가난해지지 않는 것을 원하면, 더 가난해지지 않는 데만 모든 노력을 쏟는다. 문젯거리를 생각하면 문젯거리를 끌어당긴다. 문젯거리를 끌어당겨서 문제가 없던 상황도 문제가 된다.

문제가 눈앞에 있는데 못 본 척하면서 기회를 찾기는 어렵다. 부자, 가난한 사람 모두 문제를 해결하는 게 먼저다. 문제 상황을 벗어나기 위해서 해결책을 찾되, 노력해서 바꿀 수 있는 것은 바꾸고 노력해도 바꿀 수 없는 것에는 에너지를 낭비하지 않는다.

원하는 것을 이루는 데 더 많은 시간과 에너지를 써야 한다. 문제를 해결하는 동안에도 원하는 것 바라봐야 한다. 장애물을 치우는 동안에도 비전과 목표를 떠올리며 미래에 발전한 자신의 모습을 시각화한다. 문제를 해결하고, 장애물을 치우는 데 급급한 나머지 목표를 바라보지 않으면 목표를 잊은 채로 살게 된다. 목표를 향해서 나아가지 않으면 후퇴한다.

목표를 향해 나아가는 데 시간과 에너지를 써야 시간의 농도가 짙어진다. 목표를 향해 나아가기 위해서 시간과 돈, 노력을 투자한다. 시간, 돈, 노력을 발등에 떨어진 불을 끄는 데만 사용한다면 목표로부터 빠른 속도로 멀어진다. 머릿속에 대부분을 차지하는 생각, 그 생각을 끌어당기고 그 생각이 있는 방향으로 나아가는 것은 태초부터 그렇게 되는 자연법칙이다.

부자와 가난한 사람은 정보력에도 차이가 난다. 가난한 사람은 부자의 정보력이 굉장히 뛰어나고 고급 정보를 먼저 안다고 생각하는데, 모두 그런 것은 아니다. 고급 정보를 남들보다 먼저 얻는 부자도 있지만 그런 사람은 극소수다. 고급 정보가 항상 맞다는 보장도 없다. 부자와 가난한 사람의 차이는 모든 정보를 얻을 수 없다는 점을 인정하느냐 인정하지 않느냐에 있다.

부자는 정보를 충분히 모은 후에 시작한다. 그리고 계속해서 실행한다. 스타트업의 방법론과 유사하다. 실행하면서 고쳐가는 방식이다.

무일푼에서 2년 반 만에 백만장자가 된 하브 에커는 《백만장자 시크릿》에서 목표를 이루기 위한 3단계를 '준비, 발사, 조준'이라고 했다. 우리가 알고 있는 상식과 다르다. 일반적으로 준비하고 조준한 다음 발사한다. 하브 에커는 최대한 빨리 준비하고 행동한 다음, 미비한 부분을 수정하라고 조언했다. 왜냐하면, 계획을 세워서 철저하게 준비해도 행동을 시작하자마자 예상하지 못했던 일들이 동시에 일어나기 때문이다. 언젠가 일어날 수도 있고 일어나지 않을 수도 있는 일을 완벽하게 준비하는 것은 불가능하다.

목표가 무엇이든, 그 목표를 향해 나아가는 길은 직선이 아니다. 헝클어진 실타래처럼 꼬여있고 지나온 길을 두 번, 세 번, 네 번, 여러 번 반복해서 다시 지나가야 목적지에 도착할 수 있다.

잘 정리된 수로가 아니라 자연적으로 생겨난 강물의 흐름과 비슷하다. 한 굽이를 넘어야 그다음 굽이가 보인다. 지금 눈앞에는 한 굽이만 보인다. 이번 굽이를 넘기 전까지 다음에 어떤 모양의 굽이가 나타날지 모른다.

현재 가지고 있는 능력, 자원, 돈, 시간을 최대한 효율적으로 사용해서 눈앞에 굽이를 지나야 한다. 하브 에커는 연이어 나오는 굽이를 헤쳐 나가는 모습을 가능성의 문이 줄지어 있는 복도에 비유했다. 일단 그 복도에 들어간 다음 괜찮아 보이는 문을 연다. 처음부터 괄목할 만한 성과를 얻지는 못해도 복도에 들어가지 않은 사람이나 복도에서 기웃거리기만 하고 문을 열지 못하는 사람보다 훨씬 앞서가는 것이다. 통로 원리에 따라서 문을 열어야 한다.

경험하지 않으면 절대로 배울 수 없는 일이 있다. 복도로 걸어 들어가 문을 연 사람, 즉 행동한 사람만 방 안이 어떤 모습인지 알 수 있다. 경험을 쌓는 방법으로 행동이 최선이다. 그렇게 가능성의 문을 하나씩 열면서 앞으로 나아가면 도와주는 사람이 반드시 나타난다. 때로는 내가 다른 사람을 도와주기도 한다. 도움을 주고받는 것도 문을 열어야 할 수 있는 일이다.

복도에 들어서기만 하면 저절로 열리는 기회의 문도 있다. 예를 들면, 이직을 하려고 몇 달 동안 아르바이트를 하다가 생각하지 않았던 사업의 기회를 만나는 것처럼 말이다. 때로는 안간힘을 써서 문을 열고 들어갔는데, 그 방에서 아무런 경험을 하지 못할 수도 있다. 어렵게 시험을 봐서 입사했는데 자신에게 맞지 않는 일을 하는 곳이 이런 경우다.

모든 일의 시작은 복도로 들어가는 것이다. 문을 열기 전까지 그 방에는 무엇이 있는지 알 수 없다. 하브 에커가 《백만장자 시크릿》에서 복도로 들어가서 가능성의 문을 열라고 한 것은 '통로 원리'와 같다.

통로 원리에 따르면 외부에서 분석하면 기회를 발견할 수 없고 직접 뛰어들어야 새로운 기회를 찾을 수 있다. 통로 밖에서는 통로 안이 보이지 않지만 일단 통로 안으로 들어가면 통로 안에 길이 어떻게 연결되었는지 알 수 있다.

영화 〈캐스트 어웨이〉의 극 중 주인공 척 놀랜드는 "내일은 또 새로운 날이니까 파도가 무엇을 가져올지 누가 알겠어?"라고 말한다.

내일 어떤 일이 일어날지는 아무도 모른다. 어떤 일이든지 시작해야 결과를 알 수 있다. 큰돈을 번 사람이나 자기 분야에서 성공한 사람은 괜찮겠다 싶은 일이 있으면 즉시 해본다.

모르는 게 있으면 경험하면서 배운다. 잘못된 부분은 그때그때 고쳐가면서 계속한다. 몇 번 해보다가 자기가 원하던 일이 아니라고 판단되면, 내 능력으로는 좋은 성과를 낼 수 없다면 빨리 그만둔다.

가난한 사람은 스스로 자기 능력을 충분히 갖춘 후에 어떤 일이든지 시작해야 한다고 믿는다. 모든 것을 알기 전까지는 시작하지 않는다. 시작하기 전에는 모든 것을 알 수 없다.

한 번이라도 목표를 달성해 본 사람은 목표를 달성하는 과정이 순탄치 않다는 걸 안다. 목표를 이루는 과정은 비행기가 관성 유도 장치에 따라 목적지에 도착하는 것과 같다. 관성 유도 장치는 비행기가 항로에서 벗어날 때마다 방향을 바로잡는 도구다. 비행기는 관성 유도 장치 덕분에 비행하면서 방향 오차가 90퍼센트까지 나더라도 조종사는 방향을 바꾸고 속도를 조절해서 목적지에 제시간에 도착하도록 만든다.

시작할 기회만 엿보다가 결국 실행하지 못하는 사람은 준비, 조준, 발사 순서를 따른다.

사격에서는 이런 순서가 맞다. 기회를 찾는 사람이 준비, 조준, 발사 순서에 따르면 조준만 하다가 발사할 기회를 놓친다. 성취하는 사람은 준비, 발사, 조준 순서에 따라서 방아쇠를 당긴다. 발사할 능력을 갖춰서 방아쇠를 당기는 게 아니다. 일단 시작하고 행동하면 잘못된 것이 보인다. 잘못된 것을 고치며 계속하면 된다.

완벽한 기회를 찾는 사람은 시작하지 못한다.

적당한 기회를 찾아서 시작하는 사람은 더 좋은 기회를 끌어당긴다. 계속해서 시도한 결과, 마침내 성공한다.

## 작게 시작해서 계속하기

　큰 눈덩이는 모두 작은 눈 뭉치에서 시작한다. 작은 눈 뭉치를 만든 다음 눈 쌓인 곳에서 계속 굴리면 축구공 크기의 눈덩이가 된다. 눈이 묻은 부분을 손바닥으로 탁탁 치면서 계속 굴리면 농구공 크기가 되고, 계속 굴리면 무릎 높이 정도의 눈덩이가 된다. 주먹 크기의 눈 뭉치를 축구공 크기의 눈덩이로 만들기까지는 꽤 시간이 걸린다. 하지만 축구공 크기에서 농구공 크기로, 다시 무릎 높이의 눈덩이를 만드는 데는 그리 오래 걸리지 않는다. 눈덩이가 어느 정도 커지면 눈이 커지는 게 재미있어서 시간 가는 줄 모르고 눈을 굴린다. 이것이 스노우볼 효과다.

작게 시작해서 크게 만드는 것을 눈덩이를 만드는 것에 비유한다. 은행에서 복리를 설명할 때도 눈덩이를 굴려서 크게 만드는 것에 비유한다. 공부도 마찬가지다. 반복해서 읽고 쓰면 우리 기억에 정보가 저장된다. 수업한 내용을 노트에 옮겨 적고, 교과서와 참고서를 읽고 문제를 푼다.

한 가지 주제에 관해서 다양한 분야의 정보를 학습하면 정보를 저장하는 뇌세포에는 구조적인 변화가 일어난다. 눈덩이에 눈이 달라붙듯이 유사한 정보를 저장한 뇌세포에 연결 고리가 생긴다. 연관 있는 내용을 여러 번 읽고 쓰면 연결 고리는 더 튼튼해진다. 정보를 담은 세포 사이에 연결 고리가 늘어나고 튼튼하게 연결되면 필요한 정보를 꺼내서 사용하기 쉬운 상태가 된다.

한 번에 많은 것을 이루기는 불가능하다. 다른 사람의 성공담을 들으면 한순간에 엄청난 결과를 만든 것처럼 보이지만 실제로는 그렇지 않다. 작은 눈 뭉치를 계속 굴려서 큰 눈덩이를 만들듯이 모든 성공은 작은 성취를 차곡차곡 쌓아서 이루어진다. 원대한 목표를 이루는 방법도 작은 목표들을 계속 이루며 나아가는 것이다.

큰 목표를 작은 목표로 나누는 방법으로 '청킹$^{chunking}$'이 있다. 청킹은 우리말로 '덩어리 만들기'다. 청킹은 조지 밀러의 '마법의 숫자 7±2'에서 나왔다. 의미 있는 묶음으로 한 번에 처리할 수 있는 하나의 덩어리가 청크다. 청크는 인간이 단기 기억으로 한 번에 기억할 수 있는 의미 덩어리다. 전화번호가 대표적인 청크다. 사람은 보통 5~9개$^{평균\ 7개}$의 청크를 한 번에 기억한다. 전화번호, 주민번호, 주소 등을 하이픈으로 구분하는 이유는 의미 덩어리로 구분해야 기억에 오래 남기 때문이다.

공부, 일 등 꾸준히 해야 하는 모든 일에는 청킹을 사용한다. 오프라 윈프리는 "모든 것을 한꺼번에 가질 수 없고, 원하는 것을 한꺼번에 다 할 수 없다"라고 했다. 작게 나누면 시작하기가 수월하다. 일단 시작해서 어렵지 않다고 느끼면 계속한다. 습관이 되면 계속하는 게 어렵지 않다.

처음에는 엄두가 나지 않던 일을 조금씩 꾸준히 해서 완료한 경험은 모든 사람에게 있다. 날을 정해서 한 번에 끝내려고 마음먹어도 그날이 되면 하고 싶은 마음이 생기지 않아서 미룬다. 하지만 조금씩 나눠서 계속하면 속도가 붙고 예상보다 빨리 끝난다.

대청소가 그렇다. 날을 정해서 대청소를 하기로 계획하지만, 대청소를 하기로 한 날이 되면 급한 일이 생기거나 대청소를 미룰 핑계를 찾는다. 반면, 오늘은 당장 필요한 책상 정리, 내일은 바닥 청소, 모레는 책장과 서랍 정리 등으로 공간을 나눠서 매일 조금씩 청소하고 정리하면 대청소한 것과 같은 효과를 볼 수 있다.

청소처럼 일상적인 일뿐만 아니라 인간의 한계를 뛰어넘는 일도 작게 시작해서 계속하면 이루어진다.

1954년에 영국 옥스퍼드대학 의대생 로저 배니스터는 1마일[약 1.7킬로미터] 경주에서 인간의 한계라는 4분의 벽을 넘어섰다. 1954년까지는 그 누구도 1마일을 4분 안에 달리지 못했다. 사람들은 4분 안에 1마일을 달리는 것은 의학적으로 불가능하다고 말했다. 만약 그렇게 달리면 심장이 압박을 견디지 못하고 파열될 거라고 했다. 하지만 로저 배니스터는 3분 59초 4의 기록으로 결승선을 통과했다.

그는 모두가 불가능하다고 말한 일을 해냈다. 그가 4분 안에 1마일에 도착한 비결은 전체 구간을 넷으로 나누고 각각의 구간에서 구간 기록을 1초씩 단축하는 것을 목표로 연습한 것에서 찾을 수 있다. 전체 구간에서 4초를 줄이는 것보다 각각의 구간에서 1초씩 줄이는 것이 로저 배니스터가 세운 전략이다.

운동 생리학자들은 운동선수들이 목표를 작게 나눠서 연습하는 것을 하위 목표$^{sub\ goal}$라고 한다. 하위 목표를 하나씩 달성하면서 상위 목표에 도달한다. 심장이 터진다고 말하는 인간의 한계도 작게 나누면 달성할 수 있는 목표가 된다.

할 일을 작게 나눠서 꾸준히 노력하면 어떤 목표든지 달성할 수 있다. 이런 방법으로 목표를 달성한 사람은 로저 배니스터 외에도 여럿 있다. 작게 나눠서 시작하고 꾸준히 하면 어떤 목표든지 달성한다.

## 하루를 시작하는 나만의 시작 의식

 일을 시작해야 하는데 일이 좀처럼 손에 잡히지 않을 때가 있다. 예술가 중에는 영감이 떠오르지 않거나 생각대로 되지 않으면 청소하는 사람이 많다. 청소할 게 없으면 청소할 거리를 일부러 만든다. 일이나 공부가 안될 때 청소나 정리를 하는 사람이 많다.

 일하려고 책상 앞에 앉았는데 아이디어가 떠오르지 않고, 머릿속에는 잡념으로 가득하다. 생각대로 일이 되지 않거나 지지부진하면, 책상과 책장 그리고 작업실을 쓸고 닦는다.

일부 작가들은 글이 써지지 않으면 주위에 모든 것이 더럽고 책상과 책장 먼지가 쌓여 있는 것으로 보인다고 한다. 이들은 청소기와 걸레로 먼지가 보이는 곳을 닦는다. 청소는 언제나 생각했던 것보다 큰일이 된다. 걸레로 먼지를 닦아내고 다시 책상 앞에 앉으면 글이 써진다.

현대 무용가 트와일라 타프는 《천재들의 창조적인 습관》에서 작가들의 이런 행동을 신경학적 경로, 감정, 자아, 자기관리 관점에서 설명했다. 작가에게 책상 정리와 청소는 단순히 깨끗이 하는 것 이상의 의미가 있다.

작가는 머릿속에 떠오르는 생각을 글로 쓰면 된다. 하지만 이들은 생각나는 대로 글을 쓰지 않는다. 작가의 생각을 고스란히 전달하는 어휘를 골라야 하고 단어의 순서를 고민한다. 적절한 어휘가 생각나지 않고 단어와 단어 사이에 넣을 조사, 수식하는 말, 매끄러운 문장의 흐름이 머릿속에서 나오지 않으면 글을 쓰고 싶은 마음이 생기지 않는다. 이런 상태가 계속되면, 자신이 글을 쓰는 작가가 맞는지 의심하며 감정적으로 힘이 든다.

힘든 감정을 이겨내면서 글을 계속 쓰는 것은 어렵다. 이 순간 책상 위에 어질러진 필기구와 노트, 무질서하게 쌓여 있는 책, 이런 것들이 눈에 들어오면서 머릿속은 산만해진다.

글이 잘 써질 때는 아무런 문제가 없던 필기구와 노트였다. 책이 쌓여 있는 모습도 무질서해 보이지만, 필요한 책이 어디에 있는지 알기 때문에 바로 찾아서 읽을 수 있었다. 하지만 감정적으로 힘든 상황에서는 무질서하고 어질러진 것으로 보인다. 책상 위에 여기저기 흩어진 필기구와 무질서하게 쌓아 둔 책 때문에 글이 써지지 않는다고 느낀다.

생각이 헝클어져서 책상 위에 필기구와 쌓아놓은 책들이 무질서하게 보이는 건지 책상 위가 어질러져서 생각이 정리되지 않는 건지는 명확하게 구분할 수 없다. 이때 책상과 책장의 먼지가 눈에 보이면 자기관리가 엉망이라서 글을 쓸 수 없다는 결론에 이른다. 청소해서 책상과 작업실이 깨끗해지면 비로소 자기관리가 되었다고 느낀다.

덕분에 머릿속에 엉켜있던 어휘가 질서정연하게 나온다. 청소를 마치고 작가로서 자아가 다시 활동하면 다시 글이 써지기 시작한다. 마음대로 일이 되지 않을 때 책상을 정리하거나 청소하는 것은 도움이 된다.

트와일라 타프는 작가의 이런 청소를 '의식<sup>儀式</sup>'이라고 했다. 청소 의식의 핵심은 주변을 깨끗이 정리하는 것보다 몸을 움직이게 만드는 효과가 있다.

움직임, 즉 몸을 쓰는 행동은 우리 뇌를 자극한다. 책상 앞에서 머리를 부여잡는다고 아이디어가 떠오르고 일이 되는 건 아니다. 먼저, 몸을 쓰면 머리도 활동을 시작한다.

《아티스트 웨이》를 쓴 줄리아 카메론은 창조성을 회복하는 도구로 '모닝 페이지'를 소개했다. 줄리아 카메론의 모닝 페이지는 아침에 떠오른 생각을 세 쪽 정도 적는 것이다.

아무런 내용이 없어도 괜찮다. 생각나는 것을 글로 쓰면 된다. 예를 들면, '아침이 시작되었다', '빨래를 해야지', '우유가 다 떨어졌네', '2월 셋째 화요일이다', 이런 식으로 아무 말이나 생각나는 대로 쓴다. 그는 모닝 페이지를 '두뇌의 배수로'라고 했다. 모닝 페이지는 생각나는 대로 그냥 쓰는 것이다. 일기나 메모처럼 의미가 있어야 하는 글이 아니다. 기억해야 하는 내용이 아니어도 괜찮다. 모닝 페이지를 다시 볼 일은 없다. 몸을 움직이기 위한 준비 과정일 뿐이다. 엉뚱한 내용이나 사소한 일을 적어도 좋다.

일기도, 작문도 아니다. 누군가에게 보여주기 위해서 쓰는 글은 더더욱 아니다. 나중에 내가 다시 봐야 하는 글도 아니다. 글을 시작하는 하나의 방법이며 글쓰기 워밍업이다.

모닝 페이지의 규칙은 하나다. 세 쪽을 채울 때까지 생각나는 것을 쓴다. 마음이 산만하든 스트레스를 받든 상관없이 모닝 페이지를 쓴다. 모닝 페이지를 쓰는 이유는 머릿속이 정리되지 않은 상태에서 일해야 한다는 강박과 두려움, 부정적인 생각의 반대편으로 가기 위해서다.

두뇌의 배수로에 두려움과 부정적인 생각, 머릿속을 헤집고 다니는 온갖 나쁜 생각을 배출한다. 오염된 생각을 배출하고 나면, 맑은 생각이 남는다. 그러면 아이디어가 나오는 수도꼭지를 연다. 이제부터는 정제된 생각이 나온다.

모닝 페이지 쓰기는 마음 챙김 명상으로 잡념을 끊어내는 것과 비슷한 효과가 있다. 모닝 페이지에 글을 쓴다고 해서 없던 의욕이 샘솟는 것은 아니다. 책상 정리처럼 시작을 위한 의식이다. 모닝 페이지가 작가의 전유물도 아니다. 모닝 페이지는 세상에 공개하는 글이 아니기 때문이다. 모닝 페이지는 누구나 쓸 수 있고, 오늘의 할 일을 시작하게 만드는 효과가 있다.

나는 생각나는 것을 세 쪽 이상 적지 않는다. 세 쪽은 상당한 분량이다. 아침에 노트북을 켜고 생각나는 것을 대강 메모장에 적는다. 기억해야 하는 내용은 다이어리에 쓰고 생각을 확장해야 하는 내용은 아이디어 노트에 적는다. 머릿속에 정리되지 않은 막연한 목표와 구체적으로 정리하지 못한 일, 그 일을 하는 방법을 다이어리에 적는다.

이것저것 쓴다. 쓸모 있는 것을 적으려고 한다. 그렇다고 할 일 목록이나 계획표처럼 형식을 갖춰서 쓰는 건 아니다.

일단 무엇이든 쓴다. 그러면 창조적 두뇌까지는 아니라도 일머리가 서서히 작동하는 느낌이 든다. 줄리아 카메론은 모닝 페이지를 '창조성 회복의 실마리가 되는 도구'라고 했다.

매일 아침 창조성을 회복하게 해주는지는 알 수 없어서 그의 생각에 전적으로 동의할 수는 없다. 아침에 본격적으로 일을 시작하기 전에 일머리를 워밍업 하는 효과는 분명히 있다.

팀 페리스는 《타이탄의 도구들》에서 세계 최고가 되는 비결은 아침 일기 쓰기를 꾸준히 쓰는 것이라고 했다. 아침 일기는 모닝 페이지와 비슷하다. 세 쪽을 채워야 하는 모닝 페이지보다 5~10분 만에 아침 일기가 더 쓰기 쉽다.

밤에 쓰는 일기에는 '짜증' 나는 일과를 쓰지만, 아침 일기에는 활기찬 하루를 기대하는 마음이 담긴다.

팀 페리스는 자신의 아침 일기를 '5분 저널'이라고 했다. 그는 5분 저널에 세 가지를 쓴다.

첫째, 감사하게 여기는 것. 둘째, 오늘을 기분 좋게 만드는

것. 셋째, 오늘의 다짐

너무 진지하게 생각하지 않아도 괜찮다. 아침 일기를 쓰는 순간에 생각나는 감사한 것, 기분 좋게 만드는 것, 다짐을 쓰면 된다.

모닝 페이지와 아침 일기를 써서 몸과 머리를 워밍업 하는 방법은 '작동 흥분 이론$^{\text{Work Excitement Theory}}$'에 기초한다. 모든 일은 시작하기가 어렵지, 일단 시작하면 그 일을 계속하게 된다. 우리 몸과 뇌는 관성의 법칙을 따른다. 모닝 페이지와 아침 일기는 무언가를 시작하게 만든다. 우리 뇌는 일단 시작하면 그 일을 멈추는 게 더 어렵다고 판단한다. 종이에 쓰는 일로 우리 몸을 움직였다면, 우선순위에 따라 제일 먼저 하기로 한 일을 시작한다.

집중력, 의지력을 탓하기보다 그냥 시작한다. 시작하지 않으면 미룬다. 한 번, 두 번 미룬 일은 더 하기 싫어진다. 몸이 풀리지 않은 상태로 일을 시작하기보다는 준비가 덜 된 일머리에서 나오는 완벽하지 않은 생각을 모닝 페이지에 정리한다. 내가 해본 결과, 이 방법은 어떤 일이든지 시작하게 만드는 효과가 있다.

## 시작하는 자세

괴테는 나이 든 후에 아침에만 창작에 필요한 에너지가 제대로 나온다는 것을 깨달았다. 수면으로 원기를 되찾아 기운이 생기고 일상의 잡다한 일로 지치지 않은 상태임을 알게 되었다. 말년의 괴테는 이른 아침에만 글을 썼다. 그러면서 억지로 뭔가를 하지 말라고 조언했다. 나중에 만족하지 못할 일을 하려고 애쓰지 말고 차라리 빈둥대며 시간을 보내는 게 낫다고 했다.

말은 이렇게 했지만, 한때는 그도 매일 쉬지 않고 글을 썼다.

괴테는 왕성하게 글을 쓰던 시절뿐만 아니라 노년에도 자신이 어떻게 행동하는지 의식하려고 노력했다. 의식은 意識$^{awareness}$와 儀式$^{ritual}$, 두 가지 의미가 있다. 첫 번째는 각성하여 정신이 든 상태다. 두 번째는 격식을 갖추어 치르는 예식이다.

아침에 커피나 차를 마시며 할 일을 계획하는 행동에는 각성과 예식, 두 가지 의미가 들어있다. 의식은 각성하는 정신적 행동이며 예식을 치르는 물리적 행동이다.

행동으로 자신의 본래 모습이 나타나기 때문이다. 하고 싶은 일이나 계획한 일은 아무런 의미가 없다. 실제로 그 일을 시작했는지, 그동안 행동을 했는지, 즉 과거와 현재의 행동이 중요하다.

구체적인 계획, 잘하고 싶은 마음, 동기부여가 의미 없는 것은 아니다. 하지만 이런 것들은 실제로 행동하지 않으면 정말 아무런 의미가 없다. 계획한 일을 잘하고 싶다면, 몸을 움직여야 한다. 잘하고 싶은 마음보다 행동이 훨씬 더 중요하다.

사회심리학자 에이미 커디는 행동을 하게 만드는 '파워 포즈' 개념을 실험으로 증명했다. 파워 포즈는 하이 파워 포즈와 로우 파워 포즈로 나눈다. 하이 파워 포즈는 허리를 꼿꼿이 펴고 양손을 허리에 올려서 자신감을 드러내는 포즈다. 슈퍼맨이나 원더우먼의 자세를 연상하면 된다.

로우 파워 포즈는 팔짱을 낀 채로 어깨를 움츠리고 허리를 구부정하게 굽히는 자세다. 위축된 모습이다. 하이 파워 포즈는 공간을 넓게 차지한다. 반면 로우 파워 포즈는 최소한의 공간만 차지한다.

에이미 커디는 하이 파워 포즈를 취한 그룹과 로우 파워 포즈를 취한 그룹으로 나눈 다음 2분 동안 자세를 유지하도록 했다. 2분 후에 두 집단의 테스토스테론(남성 호르몬의 일종)과 코르티솔(스트레스 호르몬) 수치를 측정했다. 하이 파워 포즈 그룹은 테스토스테론 수치는 20퍼센트 증가, 코르티솔 수치는 25퍼센트 감소했다. 로우 파워 포즈 그룹은 테스토스테론 수치가 10퍼센트 감소하고 코르티솔 수치는 15퍼센트 증가했다.

테스토스테론 수치는 자신감이 충만할 때 높아지고 코르티솔은 스트레스를 받는 상태에서 높아진다. 단지 2분 동안 취한 자세만으로 자신감이 높아지고 스트레스가 줄어든다면 이런 자세를 취하지 않을 이유가 없다.

에이미 커디가 실험한 대로 하이 파워 포즈를 취하는 것만으로도 자신감이 생기고 스트레스는 줄어든다. 중요한 것은 먼저 자세를 취하면 자신감이 생긴다는 사실이다. '선先 행동

후[※] 자신감'이다. 행동하기로 결심하고 시작하는 게 아니라 행동을 시작하면 비로소 계획, 결심에 확신이 생긴다.

선 행동 후 자신감은 실험으로 증명되었다. 많은 사람이 마음먹기 전에는 시작하지 않는다. 감정적으로 시작하고 싶은 마음이 들어야 행동한다. 강력한 동기부여가 있어도 행동을 유발하지 못하는 이유가 여기에 있다.

행동하면 동기를 부여하기가 수월하다. 동기부여에 전략이 있다면 그것은 '바로 시작하기'다. 약간의 문제가 있다면 게으름 또는 무기력이다. 의욕이 전혀 없는 상태에서도 할 수 있는 행동이 분명히 있다.

게으름과 무기력을 이겨내는 방법은 여러 가지다. 아주 작은 목표를 정하고 그 목표를 달성하거나 습관, 루틴으로 이겨낼 수도 있다. CNN 방송 진행자 멜 로빈스는 《5초 법칙》에서 카운트다운을 하라고 했다. 우주선을 발사하듯 5,4,3,2,1 하고 행동을 시작한다. 이것이 그가 제시한 시작하는 비법이다.

별것 아닌 것 같지만, 카운트다운은 게으름과 무기력을 떨쳐내는 강력한 시작 의식이다. 카운트다운하는 동안 '나중에 할까?'라는 생각은 차단된다. 숫자를 거꾸로 세면서 행동하는 방향으로 관성이 작용해서 시작하는 것만 생각한다. 카운트다운하면서 하이 파워 포즈까지 취한다면 더 자신 있게, 실패에 대한 두려움 없이 시작할 수 있다.

일단 시작했다면, 꾸준히 하는 건 생각만큼 어렵지 않다. 꾸준히 하면 끝까지 해내는 것만 남는다.

## 맺음말

　나에게 주어진 모든 시간의 농도를 짙게 만들려고 15분 단위로 계획을 세우는 것은 별로 효과가 없다. 이런 계획은 처음에는 효과가 있는 듯 보인다. 하지만 와신상담의 태도를 마지막까지 견지하지 못하면 좋은 결과로 이어지지 않는다.

　몸만 바쁘다. 빨리 성과를 만들겠다는 생각에 허둥대다가 더 큰 목표를 잊는다. 바쁘게 움직이는데 성과가 없으면 더 바쁘게, 더 서두른다. 더 큰 그림, 더 큰 목표를 잊은 채 허둥대면 집중하지 못한 채 시간은 흘러간다.

　인생을 1시간 더 사는 비결은 1시간 일찍 시작하는 것이라고 한다. 어느 책에서 최재천 교수의 시간 관리법을 소개했다. 세계적인 석학인 최재천 교수가 제안하는 시간 관리 방법은 '10일 먼저 하기'였다. 강의 준비, 보고서 제출, 발표 준비, 제안서 작성 등 마감일이 정해진 일은 10일 먼저 시작하는 것이다. 10일 먼저 시작해서 10일 먼저 끝내는 게 허둥대지 않는 비결이다. 미루기, 파킨슨의 법칙이 판을 치는 세상이라도 10일 먼저 시작하면 마감일에 맞추려고 허둥대며 일을 하지 않을 것이다.

시간 관리에 진심인 나는 계획, 목표, 꾸준함 등의 주제에 관심이 많다. 내가 이 책을 기획하면서 생각한 것은 '시간 인식'이다. 일주일이 걸리는 일을 마감일을 3일 앞두고 시작하면서 효과가 탁월하다는 시간 관리 도구로 며칠을 앞당겨 끝내려고 한다. 물리적인 시간을 '효율'이라는 방법으로 압축해버리는 시간 관리는 늘 부작용을 낳는다. 그런 의미에서 '10일 먼저 하기'는 시간을 인식하고 '나'를 통제하는 자기 관리 방법이다.

브릭스$^{Brix}$는 과일이나 와인 등의 당의 농도를 대략적으로 정하는 단위다. 100그램의 용액에 20그램의 당이 들어 있으면 당도는 20브릭스다. 바나나, 체리, 포도는 대략 20브릭스로 당도가 높은 과일이다. 망고, 감, 오렌지 등은 15브릭스 내외다. 사과, 배, 수박 등은 10브릭스 정도의 당도가 적당하다. 자연에서 수확하는 과일의 당도는 20~25브릭스다.

시간에도 농도가 있다. 집중한 시간, 아무것도 하지 않고 흘려보낸 시간, 가족이나 연인, 친한 친구와 함께 보낸 시간, 즐거운 시간, 보람 있는 시간, 성취감을 느낀 시간, 몸과 마음을 돌본 시간, 에너지를 재충전한 시간 등 내가 지나보낸 모든 시간은 농도가 다르다.

집중한 시간은 농도가 짙고 무심코 흘려보낸 시간은 농도가 옅다. 그렇다고 해서 그냥 흘려보낸 시간이 가치가 낮다고 말할 수는 없다. 멍 때리면서 그냥 흘려보내는 시간도 필요하다.

한입 베어 물고 '와 달다!'라고 감탄하는 과일의 당도는 25브릭스 정도다. 100그램의 용액에 25그램의 당이 들어있으면 '와 달다!'라는 감탄사가 저절로 나온다. 우리가 사용하는 시간의 농도도 25~30브릭스 정도를 목표로 한다면, '보람 있는 시간을 보냈다'라고 느낄 만큼 최적의 농도가 된다.

모든 사람이 시간이 더 많았으면 하고 바란다. 물리적으로 불가능하다는 걸 알면서도 그렇다. 막연히 시간이 더 많았으면 좋겠다고 생각한다면 해답을 찾을 수 없다.

반대로 생각하면, 해답을 찾을 수 있다. 해답을 더 빨리 찾을 수 있다.

"나에게 남은 삶이 앞으로 '1년'이라면 무엇을 할 것인가?"

골든벨 소녀로 화제가 된 김수영은 대학 졸업 후 세계 유명 금융 회사에 입사한 직후 암 선고를 받았다. 그의 나이 스물다섯이었다. 암을 진단받고 그는 꿈을 써 내려갔다. 꿈 리스트에는 세계 여행, 책 출간, 영화 출연, 가수되기 등이 있었다. 수술을 받은 후에 그는 꿈을 하나씩 실현했다. 암을 이겨내면서 영국 유학을 갔고 책을 썼다. 영화에도 출연하고 재즈 공연도 했다. 70여 개국을 여행했다. 꿈 리스트에서 그가 이룬 꿈은 68개에 이른다. 68개의 꿈을 이루는 데 걸린 시간은 11년이다. 11년 동안 68개의 꿈을 이루었다면, 1년에 적어도 6~7개씩 꿈을 이룬 셈이다. 평균이라는 게 의미는 없지만, 두 달에 하나씩 꿈을 이룬 셈이다.

시간의 가치는 쓰임에 달려 있다. 농도 짙은 시간으로 만드느냐, 옅은 시간을 만드느냐는 시간을 쓰는 사람의 몫이다.

숨만 쉬어도 사라지는 게 시간이다. 시간을 의식하면 일과 중에 20퍼센트 정도의 시간은 더 확보할 수 있다. 물리적으로 20퍼센트의 시간을 늘리는 현실적인 방법은 시간을 의식하는 것이다. 휴식과 잠을 줄이지 않아도, 넋 놓고 멍 때리기를 즐기면서도 감탄사가 나올 정도로 성과를 만들 것이다. 시간을 인식하는 여러분의 시간의 농도는 적정하게 유지된다.

## 참고문헌

이성복, 네 고통은 나뭇잎 하나 푸르게 하지 못한다, 문학동네, 2001

길해, 당신도 운을 벌 수 있습니다, 다산북스, 2023

마르셀 에메, 벽으로 드나드는 남자, 문학동네, 2014

김영하, 보다, 문학동네, 2019

퀸튼 신들러, 시간관리, 성공하는 사람들은 어떻게 하는가, 문장, 2012

정경수, 계획 세우기 최소원칙, 빅픽처컴퍼니, 2018

케리 글리슨, 왠지 일이 잘 풀리는 사람들의 습관, 새로운제안, 2002

정경수, 문서작성 최소원칙, 빅픽처컴퍼니, 2018

칼 오너리, 시간자결권, 샘앤파커스, 2015

캣 더프, 행복한 잠으로의 여행, 처음북스, 2015

정경수, 휴식, 노는 게 아니라 쉬는 것이다, 빅픽처컴퍼니, 2017

엔도 아쿠로, 4시간 반 숙면법, 이아소, 2011

도리스 레싱, 19호실로 가다, 문예출판사, 2018

서광원, 사장의 길, 흐름출판, 2016

나가야 겐이치, 잘했어요 노트, 위즈덤하우스, 2017

사카토 켄지, 메모의 기술, 해바라기, 2005

레베카 솔닛, 걷기의 역사, 민음사, 2003

사이먼 사이넥, 나는 왜 이 일을 하는가, 타임비즈, 2013

김영하, 읽다, 문학동네, 2018

말콤 글래드웰, 아웃라이어, 김영사, 2019

오마에 겐이치, 난문쾌답, 흐름출판, 2012

윌리엄 제임스, 심리학의 원리, 부글북스, 2018

리처드 코치, 80/20 법칙, 더숲, 2012

제이크 냅 외, 스프린트, 김영사, 2016

샘 카펜터, 시스템의 힘, 포북, 2013

메이슨 커리, 리추얼, 책읽는수요일, 2014

요시다 유키히로, 일 빨리 끝내는 사람의 42가지 비법, 센시오, 2020

티모시 페리스, 나는 4시간만 일한다, 다른상상, 2017

댄 페냐, 슈퍼 석세스, 한빛비즈, 2021

박민수, 내 몸 경영, 전나무숲, 2008

오마에 겐이치, OFF학, 에버리치홀딩스, 2009

사이토 히토리, 부자의 운, 다산북스, 2023

벤자민 스폴, 성공한 사람들의 기상 후 1시간, 센시오, 2021

틱낫한, 깨어있는 마음으로 깊이 듣기, 시공사, 2016

다비드 르 브루통, 걷기 예찬, 현대문학, 2002

헨리 데이비드 소로, 월든, 은행나무, 2011

로제 폴 드루아, 걷기, 철학자의 생각법, 책세상, 2017

애덤 그랜트, 싱크 어게인, 한국경제신문, 2021

김난도, 천 번을 흔들려야 어른이 된다, 오우아, 2021

이도형, 더 룰, 은행나무, 2020

론다 번, 시크릿, 살림Biz, 2007

스티브 챈들러, 성공을 가로막는 13가지 거짓말, 넥서스, 2005

하브 에커, 백만장자 시크릿, 알에이치코리아, 2020

트와일라 타프, 천재들의 창조적인 습관, 문예출판사, 2011

줄리아 카메론, 아티스트 웨이, 경당, 2012

팀 페리스, 타이탄의 도구들, 토네이도, 2018

멜 로빈스, 5초 법칙, 한빛비즈, 2017

올리버 버크먼, 4000주, 21세기북스, 2022